Geist in der Natur

Rudolf Steiner

GEIST IN DER NATUR

Naturgeister in der Pflanzen- und Tierwelt

Archiati Verlag

Der Wortlaut der im Archiati Verlag gedruckten Vorträge Rudolf Steiners geht auf die ursprünglichen Klartextnachschriften und Erstdrucke zurück, unter Berücksichtigung der danach erfolgten Veröffentlichungen.

Erste Auflage 2009
(1. bis 5. Tausend)

Herausgeber: Archiati Verlag e. K.
Redaktion: Pietro Archiati, Bad Liebenzell
Korrektorat: Eva Koglin, Ganderkesee
Zeichnungen: Monika Grimm, Bad Liebenzell
Foto: Rietmann, © Verlag am Goetheanum
Druck: Memminger MedienCentrum, Memmingen

ISBN: 978-3-86772-147-9

Archiati Verlag
Burghaldenweg 37 · D-75378 Bad Liebenzell
Telefon: (07052) 935284 · Telefax: (07052) 934809
anfrage@archiati-verlag.de · www.archiati-verlag.de

Inhaltsverzeichnis

2. Vortrag

Naturgeister und Tiere

Geistige Ergänzung und physische Vergiftung

S. 45

- Eine ältere Menschheit konnte noch erleben, wie Naturgeister die Tiere geistig ergänzen *S. 45*
  1. Die *Gnomen* schützen die niedrigsten Tiere *S. 46*
  2. Die *Undinen* geben niederen Tieren und Fischen eine Umhüllung *S. 51*
  3. Die *Sylphen* ergänzen geistig den Vogelkopf mit Gliedmaßen *S. 54*
  4. Die *Feuerwesen* ergänzen die Schmetterlinge mit Gedanken *S. 56*
- Es gibt gutartige und bösartige Naturgeister:
  1. Die bösartigen *Gnomen* und *Undinen* erzeugen in Tier und Mensch Parasiten *S. 59*
  2. Die bösartigen *Sylphen* erzeugen Gifte *S. 64*
     Die bösartigen *Feuerwesen* erzeugen giftige Mandeln *S. 67*

Vorwort

Es gehört zum Tiefsten und Schönsten der Geisteswissenschaft von Rudolf Steiner, dass sie dem heutigen Menschen hilft, den Geist am Werk in der Natur wiederzuentdecken. Die Umweltfrage und der Klimawandel beschäftigen die Menschen zunehmend. Viele fragen sich, welche Zukunft der Mensch haben kann, wenn er die ökologische Grundlage seines Daseins immer mehr gefährdet.

Die «grüne» Bewegung, die Sorge um die Natur wird aber nicht die nötige Kraft entfalten, nicht die richtigen Früchte tragen, wenn sie nur vom Egoismus angetrieben wird: Nur weil der Mensch um seine eigene Zukunft bangt, fühlt er sich gezwungen, mehr auf die Erde zu achten.

Der Egoismus als Hauptantrieb des menschlichen Handelns kann die Menschen nur zunehmend zersplittern, das hat die sogenannte Wirtschaftskrise hinlänglich bewiesen. Anders ist es, wenn der Mensch zur Selbstliebe die Nächstenliebe hinzugewinnt, wenn er auch in seiner Beziehung zur Natur aus Liebe zur Erde handelt. Und um dies zu können, muss er die vielen Geister wiederentdecken, die in der Natur am Werk sind.

Ergreifend ist die Art und Weise, wie Rudolf Steiner in diesen Vorträgen die innere Gestimmtheit und die Art des Wirkens von Gnomen, von Undinen, von Sylphen und von Salamandern schildert. Der moderne Leser fühlt sich wie in eine Märchenwelt versetzt, aber sie ist eine Märchenwelt, die viel realer ist als die Welt, in der wir sonst mit unserem für den Geist stumpf gewordenen Bewusstsein leben.

Von vier Elementen hat die östliche Weisheit bis hin zur griechischen Mythologie und Philosophie gesprochen: von der Erde, dem Wasser, der Luft und dem Feuer oder der Wärme.

Die Erden- und Wassergeister leben und wirken mehr in der Welt der Materie, sie wirken am Entstehen der Vielfalt der Formen, sie streben nach Formenwandlungen. Die Luft- und Feuergeister leben mehr in der Welt des Geistes, wo jede Vielheit sich zurück zur ursprünglichen Einheit sehnt.

Der Mensch ist der Vermittler zwischen Einheit und Vielheit. Das Auseinanderstreben von Vielheit und Einheit in Natur und Geist, die drohende Atomisierung in der Materie und die Gefahr des Verschwimmens im Geist geben ihm die Entwicklungsaufgabe der Freiheit, die darin besteht, das Gleichgewicht zwischen freier Individualität und liebender Gemeinschaftlichkeit auf immer neue Weise anzustreben.

Es kann einen begeistern, festzustellen, wie instinktsicher Goethe den Unterschied zwischen Pflanze und Tier empfunden hat. Er fand es unerträglich, wenn in Bezug auf die Pflanzen von «Befruchtung» gesprochen wird, als ob da auf Wiesen und Feldern «ewige Hochzeiten» zwischen irgendeinem Männlichen und Weiblichen gefeiert würden. Aus seiner geistigen Forschung heraus schildert Rudolf Steiner, wie bei jeder Wiederholung des Planzenzyklus im natur- und geisteswissenschaftlichen Sinne der Himmel der Vater und die Erde die Mutter ist, deren Vereinigung nichts mit den «geschlechtlichen» Kräften zu tun hat, die bei Tier und Mensch am Werk sind.

Es könnte der Medizin neue Impulse geben, wenn man beherzigen würde, was Rudolf Steiner als das Wirken von «bösartigen» Naturgeistern beschreibt, die alles das hervorbringen, was als Parasiten und Gifte in Erscheinung tritt. Die heutige Medizin ist im Grunde genommen ein Experimentieren ohne Orientierung. Erst durch eine immer eingehendere Erkenntnis der vielfältigen Wirksamkeit des Geistes in den Reichen der Natur kann eine wahrhaft rationelle Medizin entstehen, die von vornherein wissen kann, wie eine Substanz wo und wann wirkt.

Die Naturgeister sind nicht so «gescheit» wie der Mensch, sie können nicht individuell und selbstbewusst denken und handeln. Aber sie haben dem Menschen gegenüber einen gewaltigen Vorteil: Sie stehen in enger Verbindung mit den Hierarchien der Engel, auf deren Anweisungen sie horchen, deren Befehle sie getreu ausführen – und die Engel sind viel gescheiter als der Mensch! Dieser Mensch braucht noch Jahrtausende an Entwicklung, um so weit zu sein wie die unterste Stufe der Engel, und das setzt voraus, dass er seine Entwicklung in Freiheit nicht versäumt, denn er ist auch frei, statt in Richtung Engel sich in Richtung Tier zu bewegen.

Der letzte dieser Vorträge kann einen geradezu überwältigen. Das kosmische Wort, die beredte Weltvernunft, von der am Anfang das Johannes-Evangeliums die Rede ist, wird so dargestellt, dass sie zu den Menschen durch die mächtige Naturstimme der Erden-, Wasser-, Luft- und Wärmegeister spricht:

1. *«Erstrebe zu wachen!»,* rufen die Erdengeister den Menschen zu. Sein normales «Wachen» ist mehr wie ein Schlafen, wenn ihm alles Geistige unterbewusst oder besser gesagt überbewusst bleibt. Wenn er sich der Wirklichkeit des Geistes voll bewusst wird, erlebt er ein höheres Aufwachen.

2. *«Denke im Geiste!»,* so machen die Wassergeister dem Menschen Mut. Im Geist wird das Denken lebendig, es empfängt nicht mehr passiv eine sinnliche Wahrnehmung nach der anderen, sondern es verwandelt schöpferisch-tätig eine Imagination in die andere.

3. *«Lebe schaffend atmendes Dasein!»,* raunen die Luftgeister jedem Menschen unentwegt zu. Alle Bedrückung wird in Heiterkeit verwandelt, alle Negativität weicht einer positiven Stimmung, wenn das geistige Schaffen zum täglichen Atmungsrhythmus der Seele wird.

4. *«Empfange liebend Götterwillenskraft!»* – so tönt es mächtig von den Wärmegeistern, von den Geistern des Feuers der Liebe. Wenn der Mensch allen Materialismus, allen Atheismus überwindet, indem er überall in der Welt göttliche Wesen am Werk sieht, dann kann er auch sich selbst als gottgeschaffenen, ewigen Geist erleben, der dazu bestimmt ist, immer schöpferischer und immer göttlicher zu werden.

Vier mächtige Chöre sind es, die den Menschen dazu anspornen, in seiner Entwicklung immer voranzuschreiten, immer schöpferischer in seinem Denken, immer hingebungsvoller in seiner Liebe zu werden. Es ist kaum möglich, solche Schilderungen zu lesen, ohne tief berührt zu sein.

Pietro Archiati
im Sommer 2009

Erster Vortrag

Das Leben der Pflanze

Wurzel-, Wasser-, Luft- und Feuergeister

Dornach, 2. November 1923

Meine lieben Freunde!

Zu der äußerlich wahrnehmbaren, sichtbaren Welt gehört die unsichtbare, die mit ihr zusammen ein Ganzes bildet. Zunächst tritt in aller Deutlichkeit hervor, wie sehr das der Fall ist, wenn wir unseren Blick von den Tieren abwenden und zu den Pflanzen hinwenden.

Das pflanzliche Dasein, das den Menschen erfreut, sprosst und sprießt aus der Erde heraus und bildet den Anlass zu etwas, was als geheimnisvoll empfunden werden muss.

Beim Tier kann sich der Mensch, wenn für ihn auch der Wille des Tieres, die ganze innere Aktivität des Tieres etwas Geheimnisvolles ist, er kann sich dennoch sagen: Dieser Wille ist eben da, und von diesem Willen ist dann die Gestalt, sind die Äußerungen des Tieres eine Folge.

Aber bei der Pflanze, die in einer so mannigfaltigen Gestalt an der Oberfläche der Erde erscheint, die sich in einer so geheimnisvollen Art aus dem Samen mithilfe der Erde und mithilfe des Luftkreises entwickelt, bei der Pflanze muss der Mensch empfinden, wie ein anderes vorhanden sein muss, damit diese Pflanzenwelt ihm in der Gestalt entgegentreten kann, in der sie ihm entgegentritt.

Die geistige Anschauung führt uns dann, wenn wir auf die Pflanzenwelt blicken, gleich zu einer Fülle von Wesenheiten – zu einer Fülle von Wesenheiten, von denen in den alten Zeiten des instinktiven menschlichen Hellsehertums auch gewusst worden ist, die erkannt worden sind und dann vergessen worden sind, die heute nur noch Namen darstellen, welche die Dichter verwenden, denen aber eine Realität von der heutigen Menschheit nicht zugeschrieben wird.

Aber in demselben Maße, meine lieben Freunde, in dem den Wesen, welche die Pflanzen umschwirren und umweben, keine Realität zugeschrieben wird, in dem Maße verliert man das Verständnis für die Pflanzenwelt. Dieses Verständnis für die Pflanzenwelt, das so notwendig wäre zum Beispiel für die Heilkunst, ist der heutigen Menschheit ganz verloren gegangen.

Nun haben wir schon einen sehr bedeutsamen Zusammenhang der Pflanzenwelt mit der Schmetterlingswelt erkannt. Allein, der wird uns auch so recht erst vor die Seele treten, wenn wir noch tiefer in das ganze Weben und Treiben der Pflanzenwelt hineinschauen.

Die Pflanze streckt ihre Wurzel in den Boden. Wer das verfolgen kann, was da eigentlich von der Pflanze in den

Boden hineingestreckt wird, der kann mit dem geistigen Blick, und ein solcher muss es sein, der die Wurzel richtig durchschaut, der kann zugleich verfolgen, wie überall das Wurzelwesen der Pflanze von Naturelementargeistern umgeben und umwoben ist.

Und diese Elementargeister, die eine alte Anschauung als Gnomen bezeichnet hat, diese Elementargeister, die wir *Wurzelgeister* nennen können, können wir mit einer imaginativen und inspirativen Weltanschauung wirklich so verfolgen, wie wir im Physischen das Menschenleben und das Tierleben verfolgen. Wir können in das Seelenhafte dieser Elementargeister-, dieser Wurzelgeisterwelt hineinschauen.

Diese Wurzelgeister sind ein ganz besonderes Erdenvolk: für den äußeren Anblick zunächst unsichtbar, aber in ihren Wirkungen umso sichtbarer, denn keine Wurzel könnte entstehen, wenn nicht zwischen der Wurzel und dem Erdreich durch diese merkwürdigen Wurzelgeister vermittelt würde, die das Mineralische der Erde ins Strömen bringen, um es an die Wurzeln der Pflanze heranzubringen. Natürlich meine ich dabei den geistig zugrunde liegenden Vorgang.

Diese Wurzelgeister, die überall im Erdreich vorhanden sind, die sich ganz besonders innerhalb der mehr oder weniger metallisch durchsetzten Steine und Erze wohlfühlen, die sich aber dann am wohlsten fühlen, wenn es sich darum handelt, der Pflanzenwurzel das Mineralische zu vermitteln, weil da ihr eigentlicher Platz ist, diese Wurzelgeister sind ganz erfüllt von einem Innerlich-Geisthaften, das wir nur mit dem vergleichen können, was wir im Innerlich-Geisthaften des menschlichen Auges, des menschlichen Ohres erfassen können.

Denn diese Wurzelgeister sind in ihrer Geisthaftigkeit ganz Sinn, sie sind sonst aus gar nichts als aus Sinn bestehend. Sie sind ganz Sinn und ein Sinn, der zugleich Verstand ist, der nicht nur sieht und hört, der zugleich im Sehen und Hören das Gesehene und Gehörte versteht, der überall nicht bloß Eindrücke empfängt, sondern überall Ideen empfängt.

Ja, wir können auch auf die Art und Weise hinweisen, wie diese Wurzelgeister ihre Ideen empfangen.

Sehen Sie, da sprosst aus der Erde die Pflanze heraus (s. Zeichnung). Die Pflanze kommt, wie ich gleich nachher zeigen werde, in Verbindung mit dem außerirdischen Weltall. Und besonders zu gewissen Jahreszeiten strömen Geistströme von oben, von der Blüte, von der Frucht der Pflanze bis hinunter zur Wurzel. Sie strömen in die Erde hinein.

Und wie wir das Auge dem Licht entgegenstrecken und sehen, so wenden die Wurzelgeister ihre Wahrnehmungsfähigkeit dem entgegen, was ihnen durch die Pflanze von oben herunter in die Erde hineinträufelt.

Und dasjenige, was ihnen da entgegenträufelt, das ist das, was die Sonnenwärme in die Samen hineingeschickt hat, was das Licht in die Blüten hineingeschickt hat, was die Luft im Blatt angerichtet hat, was ferne Sterne in der Gestaltung der Pflanze bewirkt haben.

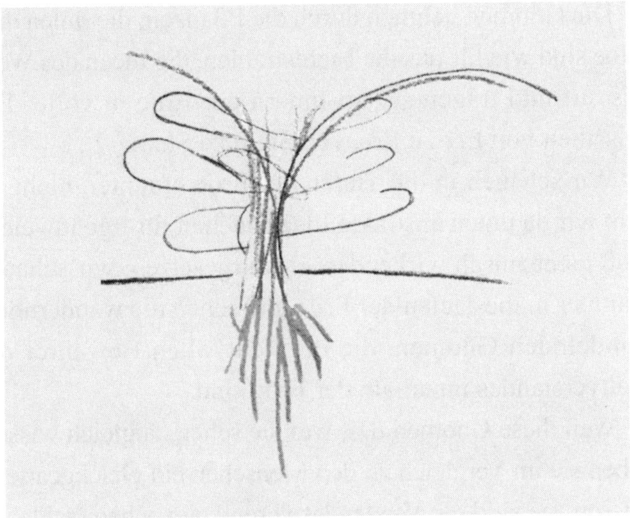

Die Pflanze sammelt die Geheimnisse des Weltalls, senkt sie in den Boden. Und die Gnomen, die Wurzelgeister, nehmen diese Geheimnisse des Weltalls in sich auf, aus dem, was ihnen durch die Pflanze geistig zuträufelt.

Und sie werden namentlich vom Herbst an durch den Winter hindurch, indem sie auf ihren Wanderungen durch Erz und Gestein dasjenige tragen, was ihnen durch die Pflanzen zugeträufelt ist, sie werden dadurch zu denjenigen Wesen innerhalb der Erde, die die Ideen des ganzen Weltalls, die durch die Erde hindurchströmen, wandernd tragen.

Wir sehen hinaus in die weite Welt. Die Welt ist aus dem Weltengeist gebaut, eine Verkörperung der Weltenideen, des Weltengeistes.

Die Gnomen nehmen durch die Pflanzen, die ihnen dasselbe sind wie für uns die Lichtstrahlen, die Ideen des Weltalls auf und tragen sie im Innern der Erde in voller Bewusstheit von Erz zu Erz, von Stein zu Stein.

Wir schauen in die Tiefen der Erde hinunter, nicht indem wir da unten abstrakte Ideen suchen für irgendwelche bloß mechanisch wirkenden «Naturgesetze», wir schauen hinunter in die Tiefen der Erde und sehen die wandernden, wandelnden Gnomen, die die lichtvollen Bewahrer des Weltverstandes innerhalb der Erde sind.

Weil diese Gnomen das, was sie sehen, zugleich wissen, haben sie im Vergleich zu den Menschen ein gleichgeartetes Wissen, sie sind die Verstandeswesen katexochen (schlechthin), sie sind ganz Verstand. Alles ist in ihnen Verstand, aber ein Verstand, der universell ist, der daher auf den menschlichen Verstand als auf etwas Unvollkommenes heruntersieht.

Die Gnomenwelt lacht uns aus mit unserem würgenden, ringenden Verstand, mit dem wir dieses oder jenes einmal erfassen, während die Gnomen gar nicht nachzudenken brauchen. Sie sehen dasjenige, was verständig ist in der Welt, und sie sind dann besonders ironisch, wenn sie merken, dass der Mensch sich abmühen muss, um erst auf dieses oder jenes zu kommen.

Wie kann man das, sagen sich die Gnomen, wie kann man sich erst Mühe geben, nachzudenken? Man weiß ja alles, was man anschaut! Die Menschen sind dumm, so sagen die Gnomen, denn sie müssen erst nachdenken. Bis zur Ungezogenheit ironisch werden die Gnomen, wenn man ihnen von Logik spricht. Denn wozu soll man ein so überflüssiges Ding brauchen wie eine Anleitung zum Denken? Die Gedanken sind doch da, die Ideen strömen doch durch die Pflanzen!

Warum stecken die Menschen nicht ihre Nase so tief in die Erde hinein, wie die Wurzel der Pflanze ist, und lassen sich in die Nase hineinträufeln dasjenige, was die Sonne zu den Pflanzen sagt? Dann würden sie das wissen!

Aber mit Logik, so sagen die Gnomen, da kann man immer nur ganz kleine Stücke von Wissen haben.

Sehen Sie, so sind die Gnomen innerhalb der Erde die Träger der Ideen des Universums, des Weltalls. Aber die Erde selbst haben sie gar nicht gerne.

Sie schwirren in der Erde herum mit Ideen vom Weltall, hassen aber eigentlich das Irdische. Das ist ihnen etwas, dem sie sich am liebsten entreißen möchten. Sie bleiben, wir werden gleich nachher sehen warum, dennoch bei diesem Irdischen, aber sie hassen es.

Denn das Irdische bildet für die Gnomen eine fortwährende Gefahr, und zwar deshalb eine fortwährende Gefahr, weil dieses Irdische fortwährend den Gnomen droht, sie sollten eine gewisse Gestalt annehmen, nämlich die Gestalt derjenigen Wesen, die ich Ihnen in der letzten Stunde hier beschrieben habe, die Gestalt der Amphibien, die Gestalt der Frösche und Kröten namentlich.

Und die Empfindung der Gnomen in der Erde ist diese: Wenn wir zu stark mit der Erde verwachsen, bekommen wir Frosch- oder Krötengestalt.

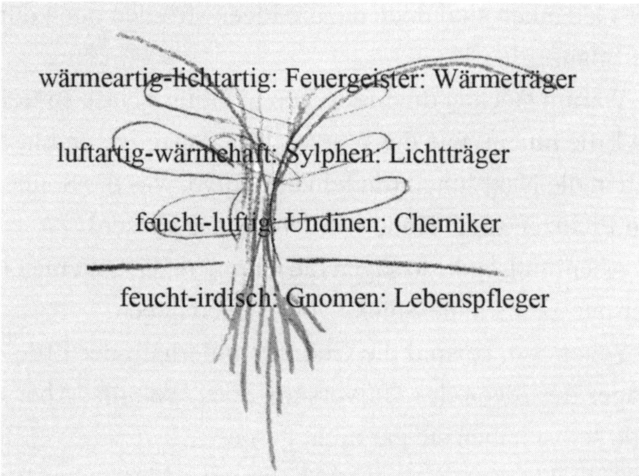

Und sie sind fortwährend auf dem Sprung, um zu verhindern, mit der Erde zu stark zu verwachsen, um nicht Erdengestalt zu bekommen. Sie wehren sich fortwährend gegen diese Erdengestalt, die ihnen in der Weise je nach den Elementen drohen würde, in denen sie sind.

In dem irdisch-feuchten Element halten sie sich auf. Da droht ihnen fortwährend die Amphibiengestaltung. Aus der reißen sie sich fortwährend heraus und erfüllen sich ganz mit den Ideen des außerirdischen Universums. Sie sind innerhalb der Erde dasjenige, was das Außerirdische darstellt, weil es fortwährend vermeiden muss, mit dem Irdischen zusammenzuwachsen, sonst bekämen die Wurzelwesen eben die Gestalt der Amphibienwelt.

Und gerade aus diesem Hassgefühl, Antipathiegefühl gegenüber dem Irdischen gewinnen die Gnomen die Kraft, die Pflanzen aus der Erde herauszutreiben. Sie stoßen fortwährend mit ihrer Grundkraft vom Irdischen ab, und mit diesem Abstoßen ist die Richtung des Wachstums der Pflanze nach oben gegeben. Sie reißen die Pflanze mit.

Es ist die Natur der Gnomen gegenüber dem Irdischen, was die Pflanzen nur mit ihrer Wurzel im Erdreich sein lässt, aber dann aus dem Erdreich herauswachsen lässt, sodass also die Gnomen die Pflanze aus ihrer ureigenen Gestalt der Erde entreißen und nach oben wachsen machen.

Ist dann die Pflanze nach oben gewachsen, hat sie den Bereich der Gnomen verlassen und ist in das Reich des Feucht-Luftigen übergetreten (s. Zeichnung) –

- aus dem Reich des *Feucht-Irdischen*
- in das Reich des *Feucht-Luftigen* –,

dann entwickelt die Pflanze dasjenige, was in den Blättern zur äußeren physischen Gestaltung kommt.

Aber in all dem, was nun im Blatt tätig ist, wirken wiederum andere Wesenheiten, die *Wassergeister.* Das sind Elementargeister des wässrigen Elementes, Elementargeister, die eine ältere instinktive Hellseherkunst Undinen (Nymphen) genannt hat.

Geradeso wie wir die Wurzel umschwirrt und umwebt von den Gnomenwesen finden, so sehen wir in der Nähe des Bodens diese Wasserwesen, diese Elementarwesen des Wassers, diese Undinenwesen wohlgefällig das Aufwärtsstreben beobachten, das die Gnomen gegeben haben.

Diese Undinenwesen sind anders ihrer inneren Natur nach als die Gnomen. Sie können sich nicht wie ein Sinnesorgan, ein geistiges Sinnesorgan an das Weltall hinauswenden. Sie können sich nur hineinergeben in das Weben und Walten des ganzen Kosmos im luftig-feuchten Element, und dadurch sind sie nicht solche hellen Geister wie die Gnomen.

Sie träumen fortwährend, diese Undinen, aber ihr Traum ist zugleich ihre eigene Gestalt. Sie hassen nicht so stark die Erde wie die Gnomen, aber sie sind «sensitiv» gegen das Irdische. Sie leben im ätherischen Element des Wassers, durchschwimmen und durchschweben es.

Sie sind sehr sensitiv gegen alles, was Fisch ist, denn es droht ihnen die Fischgestalt, die sie auch zuweilen annehmen, aber gleich wieder verlassen, um in eine andere Metamorphose überzugehen.

Sie träumen ihr eigenes Dasein und im Träumen ihres eigenen Daseins binden sie und lösen sie, binden sie und trennen sie in der Luft die Stoffe, die sie auf geheimnisvolle Art in die Blätter hineinbringen und an dasjenige herantragen, was die Gnomen nach aufwärts gestoßen haben.

Die Gnomen stoßen das Pflanzenwesen nach aufwärts. Es würde hier verdorren, wenn nicht die Undinenwesen von allen Seiten herankämen und in dieser traumhaften Bewusstheit, in der die Undinen die Pflanzen umschwirren, sich erwiesen als, ja man kann nicht anders sagen als: die Weltenchemiker (s. Zeichnung, S. 22).

Die Undinen träumen das Verbinden und Lösen der Stoffe. Und dieser Traum, in dem die Pflanze lebt, dieser Undinentraum, in den die Pflanze hineinwächst, wenn sie nach aufwärts den Boden verlässt, dieser Undinentraum ist der Weltenchemiker, der die geheimnisvolle Verbindung und Lösung der Stoffe, vom Blatt ausgehend, in der Pflanzenwelt bewirkt.

Sodass wir sagen können: Die Undinen sind die Chemiker des Pflanzenwesens, sie träumen von Chemie. Es ist in ihnen eine ungemein zarte Geistigkeit, eine Geistigkeit, die eigentlich ihr Element da hat, wo Wasser und Luft sich berühren.

Die Undinen leben ganz im feuchten Element, aber ihren inneren Beruf haben sie, wenn sie irgendwo an eine Oberfläche kommen, wenn sie auch nur an die Oberfläche eines Tropfens oder sonst irgendeines Wässrigen kommen. Denn ihr ganzes Bestreben besteht darin, sich davor zu bewahren, ganz die Gestalt, die bleibende Gestalt der Fische zu bekommen.

Sie wollen in der Metamorphose bleiben, in der ewigen Verwandelbarkeit, in der immerwährenden Verwandelbarkeit. Aber in dieser Verwandelbarkeit, in der sie von den Sternen und von der Sonne, von dem Licht und von der Wärme träumen, werden sie die Chemiker, die vom Blatt aus die Pflanze weiterbringen in ihrer Gestaltung, die Pflanze, die von der Gnomenkraft nach oben geschoben worden ist.

Und so entwickelt die Pflanze das Blattwachstum. Und das Geheimnisvolle enthüllt sich als Undinentraum, in den die Pflanze hineinwächst.

In demselben Maße aber, in dem die Pflanze in den Undinentraum hineinwächst, gerät sie nach oben in einen anderen Bereich. Sie gerät in den Bereich derjenigen Geister, die ebenso im luftartig-wärmehaften Element leben:

- Wie die *Gnomen* im *Feucht-Irdischen* und
- wie die *Undinen* im *Feucht-Luftigen,*
- so leben sie im *luftartig-wärmehaften* Element als diejenigen Wesenheiten, die eine ältere instinktive Hellseherkunst als die *Sylphen* bezeichnet.

Diese Sylphen, die im luftartig-warmen Element leben, dringen aber, weil die Luft überall vom Licht durchsetzt ist, zum Licht vor, werden lichtverwandt und sind empfänglich für dasjenige, was die feineren oder gröberen Bewegungen innerhalb des Luftkreises sind.

Wenn Sie, meine lieben Freunde, im Frühling oder im Herbst einen Schwalbenschwarm sehen, der in seinem Dahinfliegen den Luftkörper in Schwingungen bringt, einen bewegten Luftstrom hervorruft, so bedeutet dieser bewegte Luftstrom, der bei jedem Vogel vorhanden ist, dieser bewegte Luftstrom bedeutet für die Sylphen etwas Hörbares. Weltenmusik ertönt daraus den Sylphen.

Wenn wir irgendwo auf dem Schiff fahren und die Möwen heranfliegen sehen, dann ist in dem, was durch den Möwenflug erregt wird, ein geistiges Ertönen, eine geistige Musik, die den hinteren Schiffsteil begleitet. Wiederum sind es die Sylphen, die in diesem Tönen drinnen das entfalten und die in diesem erregten Luftströmen ihre Heimat finden.

In dem geistig tönenden, bewegten Luftelement finden sie ihre Heimat und nehmen dabei dasjenige auf, was die Kraft des Lichtes in diese Luftschwingung hineinschickt. Dadurch aber fühlen sich diese Sylphen, die für sich mehr oder weniger schlafende Wesenheiten sind, sie fühlen sich überall dort am heimischsten, am meisten zu Hause, wo der Vogel die Luft durcheilt.

Wenn die Sylphe gezwungen ist, die vogellose Luft zu durchschwirren, dann ist es für sie so, als ob sie sich selbst verloren hätte. Wenn aber der Sylphe der Anblick des Vogels in der Luft wird, dann kommt etwas ganz Besonderes über sie.

Ich musste oftmals einen gewissen Vorgang für den Menschen darstellen, jenen Vorgang, der die Menschenseele dazu führt, zu sich «ich» zu sagen. Ich habe immer auf den Ausspruch Jean Pauls aufmerksam gemacht, dass da der Mensch, wenn er zum ersten Mal zu der Ich-Vorstellung kommt, wie in das verhangene Allerheiligste der eigenen Seele hineinsieht.

Die Sylphe sieht nicht in ein solches verhangenes Allerheiligstes der eigenen Seele hinein, aber sie sieht den Vogel, und eine Ich-Empfindung überkommt sie. In dem, was der Vogel durch die Luft fliegend in ihr erregt, findet die Sylphe ihr Ich.

Und damit das so ist, dass sie am Äußeren ihr Ich entzündet, wird die Sylphe die Trägerin der kosmischen Liebe durch den Luftraum. Die Sylphe ist zugleich, indem sie so etwas wie einen menschlichen Wunsch erlebt, aber das Ich nicht im Innern, sondern in der Vogelwelt hat, die Sylphe ist zu gleicher Zeit die Trägerin der Liebeswünsche durch das Universum hindurch.

Deshalb ist zu schauen die tiefste Sympathie der Sylphe mit der Vogelwelt:

- Wie der *Gnom* die *Amphibien*welt hasst,
- wie die *Undine* sensitiv ist und sich dem *Fisch* nicht nähern mag, wegwill vom Fisch, ein Grauen davor empfindet,
- so will die *Sylphe* zum *Vogel* hin, fühlt sich wohl, wenn sie an sein Gefieder die schwebend-tönende Luft herantragen kann.

Und wenn wir den Vogel fragen würden, von wem er singen lernt, dann würden wir von ihm hören, dass er seinen Inspirator in der Sylphe hat.

Die Sylphe hat ein Wohlgefallen an der Vogelgestalt, aber sie wird durch die kosmische Ordnung davon abgehalten, Vogel zu werden, denn sie hat eine andere Aufgabe. Sie hat die Aufgabe, in Liebe das Licht an die Pflanzen heranzutragen.

Und geradeso wie die Undine der Chemiker ist, ist die Sylphe für die Pflanze der Lichtträger. Sie durchsetzt die Pflanze mit Licht, sie trägt das Licht in die Pflanze hinein. Dadurch, dass die Sylphe das Licht in die Pflanze hineinträgt, dadurch wird etwas ganz Eigentümliches in der Pflanze geschaffen.

Die Sylphe trägt fortwährend das Licht in die Pflanze hinein. Das Licht, das heißt die Sylphenkraft, wirkt in der Pflanze auf die chemischen Kräfte, welche die Undine in die Pflanze hineinversetzt. Da geschieht das Zusammenwirken von Sylphenlicht und Undinenchemie. Das ist eine merkwürdige plastische Tätigkeit.

Aus dem Licht heraus weben die Sylphen mithilfe der Stoffe, die da hinaufströmen und die von den Undinen bearbeitet werden, mithilfe des Lichtes weben die Sylphen da drinnen eine ideelle Pflanzengestalt. Die Sylphen weben in der Pflanze die Urpflanze aus dem Licht und aus dem chemischen Arbeiten der Undine.

Und wenn die Pflanze gegen den Herbst hin abwelkt und alles dasjenige zerstiebt, was physische Materie ist, dann kommen diese Formen der Pflanzen eben zum Herunterträufeln. Und die Gnomen nehmen sie jetzt wahr, nehmen dasjenige wahr, was die Welt, was das Licht durch die Sylphen und die Luft durch die Undinen an der Pflanze bewirkt hat. Das nehmen die Gnomen wahr.

Sodass die Gnomen unten den ganzen Winter hindurch beschäftigt sind, dasjenige wahrzunehmen, was von den Pflanzen hinunterträufelt in den Erdboden. Da fassen sie die Ideen der Welt in den Pflanzenformen, die mithilfe der Sylphen plastisch ausgebildet sind und die in ihrer geistig-ideellen Gestalt in den Erdboden hineingehen.

Von dieser geistig-ideellen Gestalt wissen diejenigen Menschen natürlich nichts, die die Pflanze nur materiell betrachten, nur als Materielles betrachten. Daher tritt hier an dieser Stelle für die materialistische Pflanzenbetrachtung etwas ein, was nichts anderes ist als ein grandioser

Irrtum, ein furchtbarer Irrtum. Diesen Irrtum will ich Ihnen skizzieren.

Sie werden von der materialistischen Wissenschaft überall beschrieben finden: Da wurzelt die Pflanze in dem Boden (s. Zeichnung), darüber entfaltet sie ihre Blätter, zuletzt ihre Blüte, in der Blüte ihre Staubgefäße, dann den

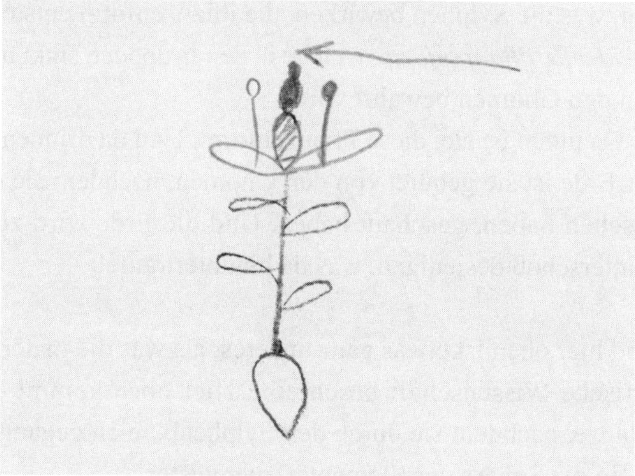

Fruchtknoten – und dann wird in der Regel von einer anderen Pflanze von den Antheren, von den Staubgefäßen, der Staub herangetragen (s. Zeichnung, Pfeil). Und der Fruchtknoten wird «befruchtet» und dadurch entsteht der Same der neuen Pflanze. So wird das überall beschrieben.

Es wird der Fruchtknoten als das Weibliche und dasjenige, was von den Staubgefäßen kommt, als das Männliche angesehen. Es kann auch nicht anders angesehen werden, solange man im Materialistischen stecken bleibt, denn da sieht dieser Prozess wirklich wie eine Befruchtung aus.

Aber so ist es nicht, sondern wir müssen, um überhaupt die Befruchtung, also die Fortpflanzung des Pflanzlichen einzusehen, uns bewusst sein, dass zunächst aus dem, was die großen Chemiker, die Undinen, in den Pflanzen bewirken, was die Sylphen bewirken, die Pflanzenform entsteht, *die ideelle Pflanzenform,* welche in den Erdboden sinkt und von den Gnomen bewahrt wird.

Da unten ist sie, diese Pflanzenform. Und da drinnen in der Erde ist sie gehütet von den Gnomen, nachdem sie sie gesehen haben, geschaut haben. Und die Erde wird zum Mutterschoß desjenigen, was da hinunterträufelt.

Und hier oben ist etwas ganz anderes, als was die materialistische Wissenschaft beschreibt. Hier oben kommt die Pflanze, nachdem sie durch den Sylphenbereich gegangen ist, in die Sphäre der Elementarfeuergeister.

Und die *Feuergeister* sind die Bewahrer des Licht- und Wärmeartigen. Sie sammeln, wenn die Erdenwärme am höchsten geworden ist oder geeignet ist, die Wärme auf und tragen sie in den Samen der Pflanzen hinein – ebenso wie die Sylphen das Licht aufgesammelt haben.

- *Die Undinen* tragen die Wirkungen des *chemischen Äthers* in die Pflanze hinein,

- *die Sylphen* die Wirkungen des *Lichtäthers,*
- die *Feuergeister* tragen die Wirkungen des *Wärmeäthers* in die Pflanze hinein.

Und der Blütenstaub ist dasjenige, was nun gewissermaßen das kleine Luftschiffchen abgibt für die Feuergeister, um die Wärme in den Samen hineinzutragen. Die Wärme wird überall gesammelt mithilfe der Staubfäden und von den Staubfäden auf den Samen und den Fruchtknoten übertragen.

Und dieses, was hier im Fruchtknoten gebildet wird, meine lieben Freunde, das ist im Ganzen das Männliche, das aus dem Kosmos kommt. Nicht der Fruchtknoten ist das Weibliche und der Antherenstaub das Männliche, da in der Blüte geschieht überhaupt keine «Befruchtung», sondern da wird nur der männliche Same vorgebildet.

Was als Befruchtung wirkt, das ist dasjenige, was von den Feuergeistern in der Blüte als der der Wärme des Weltalls entnommene weltenmännliche Same ist, der mit dem Weiblichen zusammengebracht wird, das aus der Formung der Pflanze, wie ich gesagt habe, schon früher als Ideelles hinuntergeträufelt ist in den Erdboden und da drinnen ruht.

Für die Pflanze ist die Erde Mutter und der Himmel Vater. Und alles dasjenige, was außerhalb des Irdischen geschieht, ist für die Pflanze nicht Mutterschoß.

Es ist ein kolossaler Irrtum, zu glauben, dass das mütterliche Prinzip der Pflanze im Fruchtknoten ist. Da ist gerade das mithilfe der Feuergeister aus dem Universum heruntergeholte Männliche. Das Mütterliche wird aus dem Kambium (teilbares Pflanzengewebe) der Pflanze, das sich sowohl gegen die Rinde als auch gegen das Holz hin verbreitet, als Idealgestalt der Pflanze hinuntergetragen.

Und dasjenige, was nun aus dem Zusammenwirken von Gnomenwirkung mit Feuergeisterwirkung entsteht, das ist die «Befruchtung». Im Grunde genommen sind die Gnomen die geistigen Hebammen der Pflanzenfortpflanzung.

Und die Befruchtung findet statt während des Winters unten in der Erde, wenn der Same in die Erde hineinkommt und auf die Gestalten auftrifft, die die Gnomen von dem Sylphen- und Undinenwirken empfangen und dorthin getragen haben, wo auf diese Gestalten die befruchtenden Samen auftreffen können.

Dadurch, dass man das Geistige nicht kennt, dass man nicht kennt, wie mit dem Pflanzenwachstum mitweben und mitleben Gnomen, Undinen, Sylphen und Feuergeister – was früher Salamander genannt worden ist –, indem man das nicht kennt, ist man sich ganz unklar über den Vorgang der Befruchtung in der Pflanze. Da außerhalb der Erde geschieht gar keine Befruchtung, sondern

- die *Erde* ist die *Mutter* der Pflanzenwelt und
- der *Himmel* ist der *Vater* der Pflanzenwelt.

Das ist in ganz wörtlichem Sinne der Fall. Und die Befruchtung der Pflanze geschieht dadurch, dass die Gnomen von den Feuergeistern dasjenige entnehmen, was die Feuergeister in den Fruchtknoten hineingetragen haben auf dem kleinen Luftschiffchen des Antherenstaubs als konzentrierte kosmische Wärme. So sind die Feuergeister die Wärmeträger.

Und jetzt werden wir leicht einsehen, wie das ganze *Pflanzenwachstum* zustande kommt.

Erst beleben unten die Gnomen mithilfe desjenigen, was ihnen von den Feuergeistern gegeben wird, die Pflanze und stoßen sie nach aufwärts. Sie sind die Lebenspfleger. Sie tragen den Lebensäther an die Wurzel heran, jenen Lebensäther, in dem sie selbst leben. Den tragen sie an die Wurzel heran.

Weiter pflegen in der Pflanze die Undinen den chemischen Äther, die Sylphen den Lichtäther, die Feuergeister den Wärmeäther. Und dann verbindet sich wiederum die Frucht des Wärmeäthers mit demjenigen, was unten Leben ist.

Und so kann man die Pflanze nur verstehen, wenn man sie im Zusammenhang mit all dem betrachtet, was sie umschwirrt, umwebt und umlebt. Und sehen Sie, sogar auf die richtige Interpretation des bei der Pflanze wichtigsten Vorgangs kommt man erst, wenn man in diese Dinge eindringt, auf geistige Art eindringt.

Es ist interessant, wenn dies einmal erkannt ist, jene Notiz bei Goethe wiederzulesen, wo Goethe in Anknüpfung an einen anderen Botaniker sich so furchtbar ärgert, dass die Leute von den «ewigen Hochzeiten» da oben bei den Pflanzen reden. Goethe ärgerte sich, dass über eine Wiese da lauter Hochzeiten ausgebreitet sein sollen. Das erschien ihm als etwas Unnatürliches.

Aber das war ein instinktiv erkenntnissicheres Gefühl. Goethe konnte nur noch nicht wissen, um was es sich eigentlich handelt, aber er war instinktiv seiner sicher. Er konnte aus seinem Instinkt heraus nicht begreifen, dass da oben in den Blüten die Befruchtung vor sich gehen sollte. Er wusste nur noch nicht, was da unten unterhalb des Bodens vor sich geht, dass die Erde der Mutterschoß wird für die Pflanze. Aber dass das, was da oben ist, nicht das ist, wofür es alle Botaniker ansehen, das ist dasjenige, was Goethe instinktiv gefühlt hat.

Und nun erkennen wir auch den innigen Zusammenhang zwischen der Pflanze und der Erde. Aber noch etwas anderes müssen wir ins Auge fassen, meine lieben Freunde.

Sehen Sie, wenn da oben die Feuergeister herumschwirren, namentlich den Antherenstaub vermitteln, dann haben sie auch ein Gefühl – das ist ein gesteigertes Gefühl gegenüber dem Sylphengefühl.

Die Sylphen empfinden ihr Selbst, ihr Ich, indem sie die Vögel schwirren sehen. Die Feuergeister haben dieses noch gesteigert gegenüber der Schmetterlingswelt, überhaupt gegenüber der ganzen Insektenwelt. Und sie sind es, diese Feuergeister, welche am liebsten der Insektenspur folgen, um die Vermittlung der Wärme auf den Fruchtknoten zu bewirken.

Um die konzentrierte Wärme, die da in die Erde hineinkommen muss, um sich mit der ideellen Gestalt zu verbinden, um das hinzutragen, fühlen sich die Feuergeister innig verwandt mit der Schmetterlingswelt und auch überhaupt mit der gesamten Insektenwelt. Sie folgen überall den Spuren der Insekten, die von Blüte zu Blüte schwirren.

Und so erscheint es eigentlich, wenn man diese von Blüte zu Blüte schwirrenden Insekten verfolgt, dass man das Gefühl hat, jedes solche von Blüte zu Blüte schwirrende Insekt hat eine ganz besondere Aura, die nicht recht aus dem bloßen Insekt erklärlich ist.

Insbesondere die Bienen, die mit ihrer hell glänzenden, wunderbar leuchtenden, schimmernden, schillernden Aura von Pflanze zu Pflanze schwirren (s. Zeichnung, nächste Seite), insbesondere die Bienen sind außerordentlich schwierig ihrer Aura nach zu erklären. Warum?

Weil das Insekt Biene überall begleitet ist von dem Feuergeist, der sich ihm so verwandt fühlt, dass da die Biene ist, und die Biene für das geistige Schauen überall in einer Aura drinnen ist, die eigentlich der Feuergeist ist.

Sodass wenn die Biene durch die Luft von Pflanze zu Pflanze fliegt, von Baum zu Baum, so fliegt sie mit einer

Aura, die ihr eigentlich von den Feuergeistern gegeben wird. Nicht nur fühlt der Feuergeist in der Anwesenheit

des Insektes sein Ich, sondern er will mit dem Insekt ganz verbunden sein.

Dadurch bekommen aber auch die Insekten jene Kraft, von der ich Ihnen gesprochen habe, die sich selbst zeigt im Hinausschimmern in den Kosmos – wir haben das besprochen. Die Insekten bekommen dadurch die Kraft, die physische Materie, die sich mit ihnen vereinigt, ganz zu durchgeistigen und das durchgeistigte Physische in den Weltraum hinausstrahlen zu lassen (s. Zeichnung, oberer Bogen).

Aber geradeso, wie wenn man eine Flamme hat (s. Zeichnung, nächste Seite), es zunächst die Wärme ist, die das Licht zum Scheinen bringt, so sind es die Insekten, wenn sie auf der Oberfläche der Erde dasjenige in den

Weltraum hinausschimmern lassen, was den Menschen anzieht, wenn er zur physischen Verkörperung herunterkommen soll, es sind die Insekten diejenigen Wesenheiten, die durch die Feuergeister, die sie umschwirren, durch den Kosmos zu diesen Taten entflammt werden.

Und während die Feuergeister auf der einen Seite tätig sind dafür, dass die durchfeuerte Materie hinausströmt, sind sie auf der anderen Seite dafür tätig, dass das konzentrierte Feurige, das konzentrierte Warme ins Innere der Erde hineingeht, um mithilfe der Gnomen die Geistgestalt aufzuwecken, die von Sylphen und Undinen in die Erde hinuntergeträufelt ist.

Sehen Sie, das ist der geistige Vorgang des Pflanzenwachstums.

Und weil das Unterbewusste des Menschen dieses ahnt, dass es mit der blühenden, sprossenden Pflanze etwas Besonderes ist, erscheint das Pflanzenwesen als ein Geheimnisvolles – und das Geheimnis wird nicht materialistisch gelüftet.

Dem wunderbaren Mysterium wird der Schmetterlingsstaub nicht abgestreift, sondern es erscheint in einer noch erhöhteren Wunderbarkeit dasjenige, was sonst in der Pflanze den Menschen entzückt und erhebt, wenn nicht nur die physische Pflanze da ist, sondern dieses wunderbare Arbeiten unter der unmittelbar verständigen, ganz intellektbildenden Gnomenwelt, die die Pflanzenkraft zunächst hinausstößt.

So wie der menschliche Verstand nicht der Schwerkraft unterworfen ist, weil der Kopf getragen wird, ohne dass wir seine Schwere fühlen, so überwinden die Gnomen mit ihrer Lichtintellektualität das Erdenhafte und stoßen die Pflanze heraus.

Sie bereiten unten das Leben, aber das Leben würde ersterben, wenn es nicht vom Chemismus angefacht würde. Den bringen die Undinen heran. Und das Licht muss das durchströmen. Und so sehen wir,

- wie von unten herauf, im Bläulich-Schwärzlichen die Schwerkraft, der von den *Gnomen* ausgehend der *Schwung nach oben* hin gegeben wird,
- wie rings umschwirrend, in den Blättern angedeutet, die *Undinenkraft* die *Stoffe mischt und entmischt,* indem die Pflanze hinaufwächst,
- wie von oben herunter in die Pflanzen das Licht von den *Sylphen* fällt, die eine *plastische Gestalt* bilden, die

wiederum idealisiert hinuntergeht und vom Mutterschoß der Erde aufgenommen wird,

- wie das wiederum von den *Feuergeistern* umschwirrt wird, die in dem kleinen Samenpünktchen die Weltenwärme konzentrieren,

die dann mit der Samenkraft den Gnomen hinuntergegeben wird, sodass die Gnomen da unten aus Feuer und Leben die Pflanzen entstehen lassen können.

Und wiederum sehen wir, wie die Erde ihre abstoßende Kraft, ihre Dichtigkeit im Grunde genommen der Antipathie der Gnomen und Undinen gegen Amphibien und Fische verdankt. Wenn die Erde dicht ist, so ist die Dichtigkeit diese Antipathie, durch welche Gnomen und Undinen ihre Gestalt aufrechterhalten.

Wenn sich Licht und Wärme auf die Erde heruntersenkt, so ist das zu gleicher Zeit der Ausdruck jener Sympathiekraft, jener tragenden Liebeskraft der Sylphen, die durch den Luftraum getragen wird, und der tragenden Opferkraft der Feuergeister, die das Sichheruntemeigende bringt.

Sodass man sagen kann: Es wächst über der Erde dasjenige, was Erdendichtigkeit und -chemismus ist, indem es nach aufwärts strebt, zusammen mit der abwärtsstrebenden Liebes- und Opferkraft (s. Zeichnung, nächste Seite).

Und in diesem Ineinanderwirken der abwärtsströmenden Liebes- und Opferkraft und der aufwärtsströmenden

Dichtigkeit und der chemischen Kraft, in diesem Zusammenwirken hier über dem Erdboden, wo die beiden sich be-

gegnen, entwickelt sich das Pflanzenwesen, das ein äußerer Ausdruck des Zusammenwirkens

- von *Weltenliebe* und *Weltenopfer,*
- von *Weltendichtigkeit* und *Weltenchemismus* ist.

Damit sehen wir, um was es sich handelt, wenn wir unseren Blick auf die uns so entzückende, erhebend anmutende Pflanzenwelt richten. Durchschauen können wir sie erst, wenn wir imstande sind, das Geistige, das Übersinnliche zu dem Physischen, zu dem Sinnlichen hinzuzuschauen.

Das ist dasjenige, was zu gleicher Zeit möglich macht, den Kapitalirrtum der materialistischen Botanik zu korrigieren, als ob da oben die Befruchtung vor sich ginge. Dasjenige, was da vor sich geht, ist nicht die Befruchtung, sondern die Zubereitung des männlichen Himmelssamens der Pflanze für dasjenige, was im Mutterschoß der Erde als die künftige Pflanze vorbereitet wird.

Morgen wollen wir dann von diesen Dingen weitersprechen. Morgen und Sonntag werden die beiden Vorträge sein, die ich zu halten habe, und am Sonntag um 17 Uhr wird wiederum eine Eurythmievorstellung sein.

Zweiter Vortrag

Naturgeister und Tiere

Geistige Ergänzung und physische Vergiftung

Dornach, 3. November 1923

Meine lieben Freunde!

Gestern sprach ich Ihnen von der anderen Seite des Naturdaseins, von den Wesenheiten, die als übersinnlich-unsichtbare Wesen die Vorgänge der sichtbaren, der sinnlichen Natur begleiten.

Ein älteres, instinktives Schauen hat zu diesen Wesenheiten der übersinnlichen Welt, die hinter dem Naturdasein stehen, ebenso hingeschaut wie zu dem Sinnlichen. Heute haben sie sich für das menschliche Anschauen zurückgezogen. Allein, dass dieses «Volk»

- der *Gnomen,*
- der *Undinen,*
- der *Sylphen* und
- der *Feuerwesen*

nicht ebenso wahrzunehmen ist wie die Tiere, Pflanzen und Steine der physisch-sinnlichen Welt, daran ist nur schuld, dass der Mensch im gegenwärtigen Zeitpunkt seiner Erdentwicklung nicht in der Lage ist, sein seelisch-geistiges Wesen ohne die Hilfe des physischen und ätherischen Leibes zu entfalten.

Der Mensch ist eben in der gegenwärtigen Situation der Erdentwicklung darauf angewiesen, zum Gebrauch seiner Seele sich des ätherischen Leibes, zum Gebrauch seines Geistes sich des physischen Leibes zu bedienen.

Der physische Leib, der für den Geist die Werkzeuge, die Sinnesapparate liefert, der ist eben nicht imstande, sich mit den Wesenheiten in Verbindung zu setzen, die der physischen Welt zugrunde liegen. Ebenso ist der ätherische Leib des Menschen entwickelt, und den braucht der Mensch, um sich als Seelenwesen zu entfalten.

Dadurch entgeht dem Menschen, wenn ich mich so ausdrücken darf, die Hälfte seiner irdischen Umgebung. Alles dasjenige, was jene Elementarwesen umschließt, von denen ich gestern gesprochen habe, das entgeht ihm. An das kommen der physische und der Ätherleib nicht heran.

Man wird eine Idee bekommen von dem, was dem gegenwärtigen Menschen da entgeht, wenn man sich klar darüber ist, was solche Gnomen, Undinen und so weiter eigentlich sind.

Sehen Sie, wir haben da das ganze Heer der gegenwärtigen niederen Tiere, jener Tiere, die nur aus einer weichen Masse bestehen, im flüssigen Element sich betätigen, im flüssigen

Element leben, die kein irgendwie geartetes Skelett haben, also nichts haben, was ihnen eine innerliche Stütze gibt.

Es sind Wesenheiten, die zu den am spätesten entstandenen der Erde gehören, Wesenheiten, die eigentlich jetzt erst unter der entwickelten Erde dasjenige ausführen, was das älteste Erdenwesen, der Mensch, in Bezug auf seine Kopfstruktur schon während der alten Saturn-Zeit ausgeführt hat. Dadurch kommen diese Wesenheiten nicht dahin, jene Verhärtungen in sich zu bilden, die zur Skelettstütze werden könnten.

Nun sind *die Gnomen* diejenigen Wesen, die in der äußerlichen Welt auf geistige Art das ergänzen, was diese ganz niedere Tierwelt bis herauf zu den Amphibien und Fischen selbst ist, besonders die Fische, die ja nur Andeutungen des Skeletts haben. Sodass diese niedere Tierstufe ein Ganzes erst dadurch wird, dass es Gnomen gibt.

Und weil die Beziehungen der Wesen in der Welt sehr verschieden sind, so spielt zwischen diesen niederen Wesen und den Gnomen dasjenige, was ich gestern als die Antipathie charakterisiert habe. Die Gnomen wollen nicht so werden wie diese niederen Wesen. Sie wollen sich immer hüten, die Gestalt dieser niederen Wesen anzunehmen.

Sie sind, diese Gnomen, wie ich Ihnen beschrieben habe, außerordentlich kluge, intelligente Wesen. Mit der Wahrnehmung haben sie schon die Intelligenz gegeben. Sie sind wirklich in allem das Gegenbild der niederen Tierwelt.

Und während sie diejenige Bedeutung für das Pflanzenwachstum haben, die ich gestern charakterisiert habe, bilden sie für die niedere Tierwelt eine wirkliche Ergänzung. Sie schaffen zu der niederen Tierwelt das hinzu, was diese niedere Tierwelt nicht hat.

Diese niedere Tierwelt hat ein dumpfes Bewusstsein, sie, die Gnomen haben ein hellstes Bewusstsein. Diese niedere Tierwelt hat kein Knochenskelett, keine Knochenstütze, die Gnomen binden zusammen alles, was an Schwerkraft vorhanden ist, und formen sich aus der flüchtigen, unsichtbaren Schwerkraft ihren Körper, der ja fortwährend in Gefahr ist zu zerfallen, seine Substanz zu verlieren.

Die Gnomen müssen sich immer wieder und wieder aus der Schwere erschaffen, weil sie immer in der Gefahr stehen, ihre Substanz zu verlieren. Dadurch sind diese Gnomen, um ihre eigene Existenz zu retten, fortwährend aufmerksam auf dasjenige, was um sie herum vor sich geht.

Es gibt für die Erdenbeobachtung kein aufmerksameres Wesen als solch einen Gnom. Der passt auf alles auf, weil er alles kennen muss, auf alles aufpassen muss, um sein Leben zu retten. Er muss immer wachen. Er würde sogleich, wenn er so schläfrig würde, wie die Menschen schläfrig sind, an seiner Schläfrigkeit sterben.

Es gibt ein deutsches Wort, ein Sprichwort, das aus alter Zeit stammt und sehr gut diese Eigenschaft der Gnomen ausdrückt, immer aufmerksam sein zu müssen. Man sagt:

Gib acht wie ein Wichtelmann! Und Wichtelmänner sind eben die Gnomen.

Also wenn man jemand zur Aufmerksamkeit mahnen will, dann sagt man ihm: Gib acht wie ein Gnom! Der ist wirklich ein aufmerksames Wesen. Könnte man als Musterbeispiel in einer Schulklasse in die erste Bank so einen Gnom setzen, dass alle es sehen, dann würde der ein vorzügliches Wesen für die Nachahmung aller Schüler in der Klasse sein.

Außer dieser Eigenschaft haben die Gnomen noch die andere, dass sie von einem schier unbesieglichen Freiheitstrieb erfüllt sind.

Sie kümmern sich wenig umeinander, und sie geben sich mit ihrer Aufmerksamkeit nur der anderen Welt hin, der Welt der Umgebung. Ein Gnom interessiert den anderen wenig, aber alles dasjenige, was sonst in dieser Welt, in der sie leben, um sie herum ist, das interessiert sie besonders.

Ich sagte, der Körper bildet ein Hindernis, um solches Volk wahrzunehmen. In dem Augenblick, wo der Körper ein solches Hindernis nicht mehr bildet, sind diese Wesen da, wie andere Wesen der Natur für die Sichtbarkeit da sind.

Und wer es dahin gebracht hat, in voller Bewusstheit den Einschlaftraum zu erleben, der kennt die Gnomen gut.

Sie brauchen sich nur an dasjenige zu erinnern, was ich gerade über den Traum in den letzten Nummern des

Goetheanum ausgeführt habe. Ich sagte, dass der Traum nicht in seiner wahren Gestalt vor das gewöhnliche Bewusstsein tritt, sondern eine Maske trägt. Der Einschlaftraum trägt auch eine Maske.

Wir kommen im gewöhnlichen Bewusstsein nicht gleich aus dem heraus, was wir am Tag erlebt haben oder was wir sonst erlebt haben. Reminiszenzen, Erinnerungsbilder aus dem Leben oder aber Symbole, Sinnbilder der inneren Organe – das Herz als Ofen, die Lunge als Flügel und so weiter – symbolisieren sich. Das sind Masken.

Würde der Mensch den Traum maskenlos sehen, würde er hinüberschlafen und in diese Welt wirklich eintreten, ohne dass die Wesen, die dort sind, sich maskieren, dann würde er gerade im Einschlafen dieses ganze Heer der Wichtelmänner schauen. Sie würden ihm entgegenkommen.

Aber der Mensch ist für das gewöhnliche Bewusstsein behütet, diese Dinge unvorbereitet wahrzunehmen, weil er davor erschrecken würde. Denn sie bilden in der Gestalt, in der sie einem da entgegentreten, tatsächliche Abbilder von all dem im Menschen, was in diesem Menschen an zerstörenden Kräften arbeitet. Der Mensch würde alles das zugleich in seiner Wesenheit wahrnehmen, was in ihm als zerstörende Kräfte arbeitet, was fortwährend abbaut.

Diese Gnomen wären, unvorbereitet wahrgenommen, lauter Symbole des Todes. Der Mensch würde davor ungeheuer erschrecken, wenn er von ihnen für seinen gewöhnlichen Verstand gar nichts gehört hätte und sie ihm beim Einschlafen entgegenkommen würden und ihn gewissermaßen «begraben» würden drüben in der Astralwelt. Denn so nimmt sich die Sache aus, sie würden ihn begraben.

Denn es ist eine Art Begrabenwerden durch die Gnomen, was da beim Einschlafen von drüben aus gesehen vor sich geht. Nun, das ist eigentlich nur für den Moment des Einschlafens.

Eine weitere Ergänzung für die physisch-sinnliche Welt sind *die Undinen,* die Wasserwesen, diese sich fortwährend verwandelnden, mit dem Wasser ebenso lebenden Wesen wie die Gnomen mit der Erde leben.

Diese Undinen, wir haben wiederum kennengelernt, welche Rolle sie im Pflanzenwachstum spielen. Aber sie stehen auch als ergänzende Wesen in Beziehung zu den Tieren, die schon auf einer etwas höheren Stufe stehen, zu den Tieren, welche schon einen mehr differenzierten Erdenleib aufgenommen haben.

Diese Tiere, die dann in das höhere Fischwesen oder auch in das höhere Amphibienwesen hineinwachsen, diese Tiere brauchen Schuppen, brauchen irgendeinen harten Panzer. Sie brauchen außen eine harte Schale. Dasjenige, was an Kräften vorhanden ist, um gewissen Tieren diese Außenstütze, dieses Außenskelett zu verschaffen, das verdankt die Welt der Tätigkeit der Undinen.

Die Gnomen schützen geistig diejenigen Tiere, welche ganz niedrig sind. Diejenigen Tiere, die von außen geschützt werden müssen, die mit einem Panzer umkleidet werden müssen, die verdanken ihre schützende Hülle der Tätigkeit der Undinen. Die Undinen sind diejenigen Wesen, welche zu diesen etwas höheren Tieren auf eine primitive Art das hinzufügen, was wir in unserer Schädeldecke haben. Sie machen sie gewissermaßen zum Kopf.

Alle diese Wesen, die unsichtbar hinter der sichtbaren Welt sind, haben ihre große Aufgabe im ganzen Zusammenhang des Daseins.

Und wir werden überall sehen: Wo die materialistische Wissenschaft irgendetwas von der Art erklären will, wie ich es jetzt angeführt habe, da versagt sie. Sie ist zum Beispiel nicht imstande zu erklären, wie die niederen Wesenheiten dazu kommen, in einem Element, das kaum viel härter ist als sie selbst, sich fortzubewegen, weil sie nicht weiß, dass diese geistige Stützung von den Gnomen vorhanden ist, die ich eben beschrieben habe.

Auf der anderen Seite wird die Tatsache des Umpanzertwerdens für eine rein materialistische Wissenschaft immer eine Schwierigkeit bilden, weil nicht bekannt ist, wie die Undinen im Sensitivwerden, im Vermeiden des eigenen niederen Tierwerdens dasjenige von sich abstoßen, was dann als Schuppen oder sonstige Panzer über die etwas höheren Tiere kommt.

Und wiederum ist es auch in Bezug auf diese Wesenheiten für das gewöhnliche Bewusstsein vom heutigen Menschen nur der Körper, der ein Hindernis bildet, diese Wesenheiten zum Beispiel an den Pflanzenblättern oder an den etwas höheren Tieren zu schauen.

Aber wenn der Mensch in den tiefen, traumlosen Schlaf kommt und der Schlaf nicht traumlos ist, sondern durch die Gabe der Inspiration dieser Schlaf durchschaut werden kann, ja, dann, meine lieben Freunde, dann tauchen vor dem geistigen Menschenblick aus jenem Meer des Astralischen, in das beim Einschlafen die Gnomen den Menschen begraben, verborgen haben, da tauchen diese Wesenheiten der Undinen empor. Sie werden im tiefen Schlaf sichtbar.

Der Schlaf löscht das gewöhnliche Bewusstsein aus. Das für den Schlaf erhellte Bewusstsein hat diese wunderbare Welt des werdenden Flüssigen, der sich in aller möglichen Weise gegen die Metamorphosen des Flüssigen aufbäumenden Undinen zum Inhalt.

Geradeso wie wir die Wesenheiten mit festen Konturen für das Tagesbewusstsein um uns haben, würde das erhellte Bewusstsein der Nacht diese sich immer wandelnden, diese wie ein Meer von Wellen werfenden und sich wieder senkenden Wesenheiten darbieten.

Der ganze tiefe Schlaf ist ausgefüllt davon, dass in der Umgebung des Menschen ein bewegtes Meer von Lebewesen ist, ein bewegtes Meer von Undinen ist.

Anders liegt die Sache für *die Sylphen.* Für die Sylphen ist die Sache so, dass sie auch die Ergänzung von gewissen Tierwesen bilden, aber jetzt nach der anderen Seite hin.

Gnomen und Undinen fügen das Kopfmäßige zu denjenigen Tieren hinzu, die des Kopfes entbehren. Die Vögel sind dagegen, wie ich Ihnen dargestellt habe, reiner Kopf. Sie sind ganz Kopforganisation.

Die Sylphen fügen zu dem Vogel dasjenige auf geistige Art hinzu, was ihm zur Kopforganisation als körperliche Ergänzung fehlt. Sie sind also die Ergänzung des Vogelgeschlechts nach demjenigen Gebiet der Organisation, das beim Menschen das Stoffwechsel- und Gliedmaßen-System ist.

Fliegen die Vögel mit verkümmerten Beinen in der Luft herum, so haben umso mehr die Sylphen mächtig ausgebildete Gliedmaßen. Und sie stellen auf geistige Art dasjenige in den Lüften dar, was die Kuh unten in der physischen Materie darstellt.

Daher konnte ich gestern sagen, die Sylphen haben an dem Vogelgeschlecht ihr Ich, dasjenige, was sie mit der Erde verbindet. Der Mensch bekommt auf der Erde sein Ich; dasjenige, was die Sylphen mit der Erde verbindet, das ist das Vogelgeschlecht. Dem Vogelgeschlecht verdanken sie ihr Ich, wenigstens das Bewusstsein ihres Ich.

Wenn der Mensch die Nacht durchschlafen hat, um sich das astralische Meer gehabt hat, das sich in Undinenform, in der mannigfaltigsten Undinenform gestaltet, und dann aufwacht und den Aufwachtraum hat, so würde der Mensch, wenn dieser Aufwachtraum sich wiederum nicht in Lebensreminiszenzen oder in Sinnbildern von inneren Organen maskieren würde, wenn der Mensch den unmaskierten Aufwachtraum sehen würde, so würde er der Welt der Sylphen gegenüberstehen.

Aber diese Sylphen würden für ihn eine merkwürdige Gestalt annehmen. Sie wären so, wie wenn die Sonne etwas schicken wollte, aber etwas schicken wollte, was eigentlich in einer schwierigen Art auf den Menschen wirkt, was den Menschen in einer gewissen Weise geistig einschläfert. Wir werden gleich nachher sehen, warum das der Fall ist.

Dennoch würde der Mensch, wenn er den unmaskierten Aufwachtraum wahrnehmen würde, in diesem unmaskierten Aufwachtraum etwas wie das Hereinflattern, das wesenhafte Hereinflattern des Lichtes sehen.

Er würde es auch aus dem Grund unangenehm empfinden, weil die Gliedmaßen dieser Sylphen ihn umspinnen, umweben. Er würde so fühlen, wie wenn das Licht ihn von allen Seiten angreifen würde, wie wenn das Licht etwas wäre, das einen befällt, gegen das man außerordentlich sensitiv ist.

Vielleicht würde dies der Mensch auch hie und da wie ein Streicheln des Lichtes empfinden. Aber mit all diesen Dingen will ich Ihnen nur andeuten, wie dieses tragende, tastende Licht eigentlich in der Sylphenform herankommt.

Und wenn wir dann zu *den Feuerwesen* kommen, dann ist es bei den Feuerwesen so, dass sie die Ergänzung zu der flüchtigen Schmetterlingsnatur bilden.

Der Schmetterling, der entwickelt selbst so wenig wie möglich von seinem physischen Leib, von dem eigentlichen physischen Leib. Er lässt ihn so dünn als möglich sein, diesen physischen Leib – dagegen ist er ein Lichtwesen (s. Zeichnung).

Die Feuerwesen stellen sich als Wesen heraus, die den Schmetterlingsleib ergänzen, sodass man den folgenden Eindruck bekommen kann: Wenn man auf der einen Seite einen physischen Schmetterling sieht und sich ihn entsprechend vergrößert denkt, und auf der anderen Seite – zusammen sind diese Wesen ja selten, nur in den Fällen, die ich Ihnen gestern angeführt habe –, auf der anderen Seite dann ein Feuerwesen, dann hat man das Gefühl, wenn man diese zueinanderbackt, dann bekommt man so etwas wie einen geflügelten Menschen, wirklich einen geflügelten Menschen.

Man muss nur den Schmetterling entsprechend vergrößert und die Feuerwesen dem Größenmaß des Menschen angepasst finden, dann bekommt man so etwas wie einen geflügelten Menschen daraus.

Das zeigt uns wiederum, wie die Feuerwesen die Ergänzung dieser dem Geistigen am nächsten stehenden Tierwesen sind. Sie sind es sozusagen nach unten hin:

- *Gnomen und Undinen* sind die Ergänzung *nach oben hin,* nach der Kopfseite;
- *Sylphen und Feuerwesen* sind die Ergänzung von Vögeln und Schmetterlingen *nach unten hin.*

Also die Feuerwesen muss man mit den Schmetterlingen zusammenbringen.

Auf dieselbe Art, wie er den Einschlaf- und Aufwachtraum durchdringen kann, kann der Mensch nun auch das wache Tagesleben durchdringen. Da bedient sich der Mensch aber in einer ganz robusten Art seines physischen

Leibes. Auch das habe ich dargestellt in den letzten Aufsätzen des *Goetheanum.*

Da kommt der Mensch schon ganz und gar nicht dazu, einzusehen, wie er während des Tageslebens fortwährend die Feuerwesen sehen könnte, denn die Feuerwesen stehen in einer inneren Verwandtschaft mit den Gedanken des Menschen, mit all dem, was aus der Organisation des Kopfes hervorgeht.

Und wenn der Mensch es dazu bringt, vollständig im wachen Tagesbewusstsein zu sein und dennoch in einem gewissen Sinne außer sich zu sein – also ganz vernünftig zu sein, fest mit den beiden Beinen auf der Erde zu stehen und dann wiederum gleichzeitig außer sich zu sein, also er zu sein und sein Gegenüber zu sein, das heißt sich selbst als Gedankenwesen betrachten zu können –, dann nimmt der Mensch wahr, wie die Feuerwesen dasjenige Weltelement bilden, das, wenn wir es wahrnehmen, nach der anderen Seite unsere Gedanken wahrnehmbar macht.

Und so kann die Wahrnehmung der Feuerwesen den Menschen dazu bringen, sich selbst als Denker zu sehen, nicht bloß der Denker zu sein und die Gedanken auszukochen, sondern sich anzuschauen, wie die Gedanken verlaufen.

Nur hören dann die Gedanken auf, an den Menschen gebunden zu sein. Sie erweisen sich dann als Weltgedanken, sie wirken und weben als Impulse in der Welt. Man merkt dann, dass der Menschenkopf nur die Illusion hervorruft, als ob da drinnen in diesem Schädel die Gedanken eingeschlossen wären. Da sind sie nur gespiegelt, ihre Spiegelbilder sind da.

Dasjenige, was den Gedanken zugrunde liegt, gehört der Sphäre der Feuerwesen an. Kommt man in diese Sphäre der Feuerwesen hinein, dann sieht man in den Gedanken nicht bloß sich selbst, sondern man sieht den Gedankengehalt der Welt, der zugleich ein imaginativer Gehalt ist.

Es ist also die Kraft, aus sich herauszukommen, die einem die Gedanken als Weltgedanken vorstellt.

Ja, vielleicht darf ich sagen, dass wenn man nicht vom menschlichen Körper aus, sondern von der Sphäre der Feuerwesen, also von der in die Erde hereinragenden Saturn-Wesenheit, dasjenige anschaut, was auf der Erde zu sehen ist, man dann genau das Bild bekommt, das ich von der Erdenevolution in der *Geheimwissenschaft* geschildert habe. Dieser Umriss einer Geheimwissenschaft ist so aufgezeichnet, dass die Gedanken als der Gedankengehalt der Welt erscheinen, von der Perspektive der Feuerwesen aus gesehen.

Diese Dinge haben schon eine tief reale Bedeutung. Sie haben aber eine tief reale Bedeutung auch sonst noch für den Menschen. Nehmen wir die Gnomen und die Undinen. Sie sind in der Welt, die an die Welt des menschlichen Bewusstseins angrenzt. Sie liegen schon jenseits der Schwelle.

Das gewöhnliche Bewusstsein ist davor geschützt, diese Wesenheiten zu sehen, weil nicht alle diese Wesenheiten gutartige Wesenheiten sind. Gutartige Wesenheiten sind diejenigen, die ich gestern geschildert habe, die zum Beispiel am Pflanzenwachstum in der verschiedensten Weise arbeiten.

Aber nicht alle sind gutartige Wesen. Und in dem Augenblick, wo man in die Welt hineinblickt, wo diese Wesenheiten wirken, sind nicht bloß die gutartigen da, sondern es sind auch die bösartigen da. Und man muss sich da erst eine Auffassung davon verschaffen, welche von ihnen gutartig, welche bösartig sind. Das ist nicht ganz so leicht. Sie werden das daraus sehen, wie ich Ihnen die bösartigen schildern muss.

Die *bösartigen Wesenheiten* unterscheiden sich vor allen Dingen dadurch von den gutartigen Wesenheiten, dass die gutartigen sich mehr an das Pflanzen- und Mineralreich halten, während die bösartigen immer an das Tier- und Menschenreich heranwollen.

Noch bösere wollen zudem auch noch an das Pflanzenreich und an das Mineralreich heran. Aber man bekommt schon einen ganz respektvollen Begriff von der Bösartigkeit, die Wesenheiten dieses Reiches haben können, wenn man sich auf diejenigen einlässt, die an den Menschen und an die Tiere heranwollen und im Menschen dasjenige vollbringen, was den gutartigen durch die höheren Hierarchien für die Pflanzen- und Mineralwelt zugeteilt ist.

Da gibt es solche bösartigen Wesenheiten aus dem Gnomen- und Undinenreich, welche sich an Menschen und Tiere heranmachen und bei Mensch und Tier bewirken, dass dasjenige, was sie zu den niederen Tieren geistig hinzufügen sollten, im Menschen auf physische Art sich verwirklicht.

Im Menschen ist es ohnedies schon da, im Menschen soll es sich auf physische Art verwirklichen, auch in den Tieren. Dadurch leben dann, durch die Anwesenheit dieser *bösartigen Gnomen- und Undinenwesen,* im Menschen und im Tier niedrigere Tier- oder Pflanzenwesen – Parasiten. Und so sind diese bösartigen Wesenheiten die Hervorbringer der Parasiten.

Aber sehen Sie, die Finesse liegt nämlich in dem Augenblick, wo der Mensch die Schwelle zur geistigen Welt übertritt. Da kommt er gleich in die Finessen dieser Welt hinein. Da sind überall Fallstricke und man muss schon von den Wichtelmännern erst etwas lernen, nämlich aufzupassen – das können zum Beispiel die Spiritisten nicht. Es sind überall Fallstricke.

Es könnte nun einer sagen: Wozu sind denn überhaupt diese bösartigen Gnomen und Undinenwesen da, wenn sie parasitäre Wesenheiten hervorrufen?

Ja, wären sie nicht da, diese Wesenheiten, dann könnte der Mensch nicht in sich die Kraft entwickeln, seine Gehirnmasse auszubilden. Und da kommt man auf etwas, was außerordentlich bedeutungsvoll ist.

Ich will Ihnen das schematisch skizzieren (s. Zeichnung). Wenn wir uns den Menschen denken – als Stoffwechsel-Gliedmaßenmenschen, als Brust-, also als rhythmischen Menschen und dann als Kopfmenschen, also als Nerven-Sinnes-Menschen –, wenn wir uns den Menschen denken, so müssen wir uns durchaus klar sein: Hier unten gehen Prozesse vor sich – lassen wir den rhythmischen Menschen aus –, hier oben gehen wiederum Prozesse vor sich.

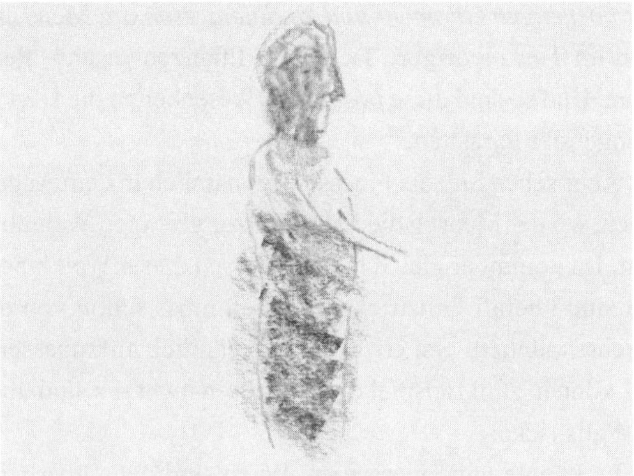

Wenn wir die Prozesse zusammennehmen, die sich unten abspielen, so ist im Wesentlichen ein Ergebnis da, das gewöhnlich im Leben missachtet wird. Es sind die Ausscheidungsprozesse, Ausscheidungen durch den Darm, Ausscheidungen durch die Nieren und so weiter, alle Ausscheidungsprodukte, die sich nach unten ergießen. Diese

Ausscheidungsprozesse betrachtet man meistens nur als Ausscheidungsprozesse, aber das ist ein Unsinn.

Es wird nicht bloß ausgeschieden, weil ausgeschieden werden soll, sondern in demselben Maße, in dem die Ausscheidungsprodukte erscheinen, erscheint im unteren Menschen geistig etwas Ähnliches, wie oben physisch das Gehirn ist.

Dasjenige, was im unteren Menschen geschieht, ist ein Vorgang, der auf halbem Weg stehen bleibt in Bezug auf seine physische Entwicklung, auf halbem Weg bleibt er stehen. Es wird ausgeschieden, weil die Sache ins Geistige übergeht. Oben wird der Prozess vollendet, da bildet sich physisch dasjenige herein, was da unten nur geistig ist:

- *Oben* haben wir das *physische Gehirn,*
- *unten* ein *geistiges Gehirn.*

Wenn man dasjenige, was unten ausgeschieden wird, einem weiteren Prozess unterwerfen würde, wenn man fortfahren würde, es umzubilden, dann würde die letzte Metamorphose das menschliche Gehirn sein.

Die menschliche Gehirnmasse ist weitergebildetes Ausscheidungsprodukt. Das ist etwas, was ungeheuer wichtig ist zum Beispiel auch in medizinischer Beziehung und was im 16., 17. Jahrhundert die damaligen Ärzte noch durchaus gewusst haben.

Man redet heute in einer mehr abfälligen Weise und in Bezug auf manches auch ganz richtig abfällig von der alten

«Dreckapotheke», aber weil man nicht weiß, dass eben in dem «Dreck» noch die sogenannten Mumien des Gehirns vorhanden sind.

Natürlich soll das nicht eine Apotheose (Verklärung) desjenigen sein, was dann in den allerletzten Jahrhunderten als Dreckapotheke figuriert hat, sondern ich weise auf Wahrheiten hin, die einen so tiefen Zusammenhang wie den, den ich eben ausgeführt habe, noch gekannt haben.

Das Gehirn ist durchaus höhere Metamorphose der Ausscheidungsprodukte. Daher der Zusammenhang der Gehirnkrankheiten mit den Darmkrankheiten, daher auch der Zusammenhang der Heilung der Gehirn- und der Darmkrankheiten.

Sehen Sie, indem nun Gnomen und Undinen da sind, überhaupt eine Welt da ist, wo Gnomen und Undinen leben können, sind die Kräfte vorhanden, welche gewiss vom unteren Menschen aus Parasiten bewirken können, die aber zu gleicher Zeit die Veranlassung sind, im oberen Menschen die Ausscheidungsprodukte ins Gehirn umzumetamorphosieren.

Wir könnten gar nicht ein Gehirn haben, wenn die Welt nicht so eingerichtet wäre, dass es Gnomen und Undinen geben kann.

Das, was für Gnomen und Undinen in Bezug auf die Zerstörungskräfte gilt – Zerstörung, Abbau geht ja wiederum vom Gehirn aus –, was für Gnomen und Undinen in Bezug auf die Zerstörungskräfte gilt, das gilt für Sylphen und Feuerwesen in Bezug auf die Aufbaukräfte.

Und wiederum: Die gutartigen Sylphen und Feuerwesen halten sich fern von Menschen und Tieren, beschäftigen sich mit dem Pflanzenwachstum in der Weise, wie ich es gestern angedeutet habe. Aber es gibt auch bösartige: Diese *bösartigen Sylphen,* die tragen vor allen Dingen dasjenige, was nur in den oberen, in den Luft- und Wärmeregionen sein soll, hinunter in die wässrigen und irdischen Regionen.

Und wenn wir studieren wollen, was da geschieht, indem diese Sylphenwesen zum Beispiel aus den oberen Regionen in die niederen Regionen des wässrigen und erdigen Elements dasjenige hinuntertragen, was da hinaufgehört, dann schauen wir uns die Belladonna an.

Die Belladonna ist diejenige Pflanze, die in ihrer Blüte, wenn ich mich so ausdrücken darf, von der Sylphe geküsst worden ist und die dadurch dasjenige, was gutartiger Saft sein kann, in den Giftsaft der Belladonna umgewandelt hat.

Da haben Sie das, was man eine Verschiebung der Sphäre nennen kann.

Oben ist es richtig, wenn die Sylphen, um ihre Umschlingungskräfte zu entwickeln, wie ich sie vorhin beschrieben habe, wo man vom Licht förmlich betastet wird, wenn die Sylphen das entwickeln, denn das braucht die Vogelwelt.

Kommt sie aber herunter, die Sylphe, und verwendet sie dasjenige, was sie oben verwenden sollte, in Bezug auf die Pflanzenwelt unten, dann entsteht ein scharfes Pflanzengift:

- Durch *Gnomen und Undinen* entstehen die *parasitären Wesen,*
- durch *Sylphen,* die eigentlich das zu tief auf die Erde geströmte Himmlische sind, die *Gifte.*

Wenn der Mensch oder manche Tiere die Belladonna essen, die wie eine Kirsche aussieht, nur dass sie sich im Kelch drinnen verbirgt – es wird hinuntergedrückt, man kann es noch der Form der Belladonna ansehen, was ich jetzt eben beschrieben habe –, wenn der Mensch oder gewisse Tiere die Belladonna essen, so sterben sie daran. Aber sehen Sie sich einmal Drosseln oder Amseln an: Die stürzen sich auf die Belladonna und haben daran ihre beste Nahrung in der Welt. In deren Region gehört dasjenige, was in der Belladonna ist.

Es ist doch ein merkwürdiges Phänomen, dass die Tiere und die Menschen, die mit ihren unteren Organen erdgebunden sind, dasjenige, was an der Erde in der Belladonna verdorben ist, als Gift aufnehmen, dass dagegen so repräsentative Vögel wie die Drosseln und die Amseln, die das auf geistige Art durch die Sylphen gerade haben sollen – durch die gutartigen Sylphen haben sie es auch –, dass sie es vertragen können, auch wenn dasjenige, was da oben in ihrer Region ist, hinuntergetragen wird.

Für sie ist dasjenige Nahrung, was für die mehr an die Erde gebundenen Wesenheiten Gift ist.

So bekommen wir die Anschauung davon, wie auf der einen Seite durch Gnomen und Undinen das Parasitäre von der Erde nach den anderen Wesen hinaufstrebt, wie durch die Sylphen die Gifte von oben herunterträufeln.

Wenn sich dagegen die *Feuerwesen* mit jenen Impulsen durchdringen, welche in die Region der Schmetterlinge gehören, welche den Schmetterlingen zu ihrer Entwicklung sehr nützlich sind, wenn sie das heruntertragen in die Früchte, dann entsteht zum Beispiel dasjenige, was wir innerhalb einer Reihe von Mandeln als *giftige Mandeln* haben.

Da wird dieses Gift durch die Tätigkeit der Feuerwesen in die Mandelfrucht hineingetragen. Und wiederum würde die Mandelfrucht überhaupt nicht entstehen können, wenn nicht auf gutartige Weise von demselben Feuerwesen dasjenige, was wir bei den anderen Früchten essen, verbrannt würde.

Sehen wir uns doch die Mandel an (s. Zeichnung, nächste Seite). Bei den anderen Früchten haben wir in der Mitte den weißen Kern und ringsherum das Fruchtfleisch (a). Bei der Mandel haben wir mittendrin den Kern, und ringsherum ist das Fruchtfleisch ganz verbrannt (b). Das ist die Tätigkeit der Feuerwesen.

Und artet diese Tätigkeit der Feuerwesen aus, wird dasjenige, was die Feuerwesen vollführen, nicht bloß in die braune Mandelschale hineingearbeitet, wo es noch gutartig

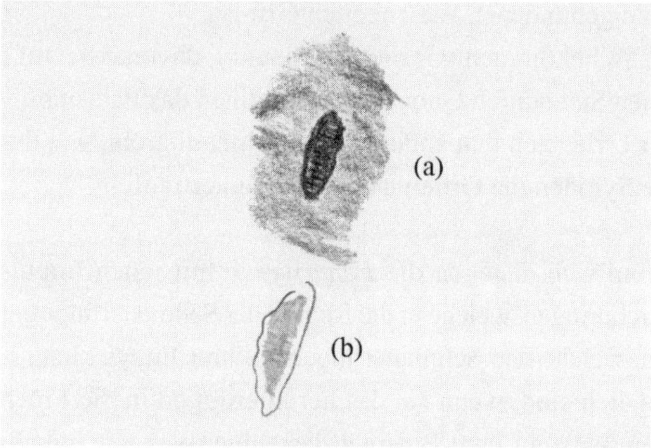

sein kann, sondern geht nur etwas von dem, was Schale erzeugen soll, innerlich in den weißen Kern der Mandel hinein, dann wird die Mandel giftig.

Und so haben wir ein Bild davon, wie diese Wesenheiten, die da angrenzen an die Welt, die gleich jenseits der Schwelle, unmittelbar jenseits der Schwelle liegt, wie diese Wesenheiten eigentlich, wenn sie ihre Impulse durchführen, zu den Trägern des parasitären Wesens, des Giftwesens, wie sie damit zu Trägern von Krankheiten werden.

Auf diese Art wird deutlich, inwiefern sich der Mensch als gesundes Wesen aus dem heraushebt, was ihn in der Krankheit ergreifen kann.

Denn es hängt das zusammen mit der Entfaltung des Bösartigen in denjenigen Wesenheiten, die wiederum da sein müssen, um den ganzen Aufbau, um Wachsen und Sprossen in der Natur und wiederum Zerstören in der Natur möglich zu machen.

Das sind Dinge, die aus dem instinktiven Hellsehen heraus solchen Intuitionen zugrunde lagen, wie der indischen von Brahma, Wischnu und Schiwa.

Brahma stellt die wirkende Wesenheit in der Weltensphäre dar, die an den Menschen herandarf. Wischnu stellt diejenige Weltensphäre dar, die an den Menschen nur herandarf, insofern er fortwährend das Aufgebaute wiederum abtragen muss, insofern das sich fortwährend verwandeln muss. Und Schiwa stellt alles dasjenige dar, was mit den zerstörenden Kräften zusammenhängt.

Und in den älteren Zeiten der indischen Hochkultur sagte man:

- *Brahma* ist innig verwandt mit all dem, was *Feuerwesen- und Sylphennatur* ist;
- *Wischnu* ist mit all dem verwandt, was *Sylphen- und Undinennatur* ist;
- *Schiwa* ist mit all dem verwandt, was *Undinen- und Gnomennatur* ist.

Überhaupt findet man, wenn man in diese älteren Vorstellungen zurückgeht, überall die bildhaften Ausdrücke für dasjenige, was man heute wiederum suchen muss als den Geheimnissen der Natur zugrundeliegend. Wir haben also

- gestern die *Verwandtschaft* dieses unsichtbaren Volkes *mit der Pflanzenwelt* betrachtet;
- heute haben wir hinzugefügt die *Verwandtschaft* dieses unsichtbaren Volkes *mit der Tierwelt.*

Überall greifen die Wesenheiten von diesseits der Schwelle in die Wesenheiten von jenseits der Schwelle ein und die Wesenheiten von jenseits der Schwelle in die Wesenheiten von diesseits der Schwelle – und so fort. Und nur dann, wenn man das lebendige Zusammenwirken dieser beiden Wesensarten kennt, versteht man, wie die sichtbare Welt sich entfaltet.

Und für den Menschen ist die übersinnliche Welt schon sehr, sehr notwendig, denn in dem Augenblick, wo der Mensch durch die Pforte des Todes tritt, hat er ja nicht mehr die sinnliche Welt um sich, sondern da beginnt die andere Welt seine Welt zu sein.

In seiner gegenwärtigen Entwicklung kann er sich nicht in diese andere Welt begeben, wenn er nicht aus den physischen Offenbarungen die Schriftzeichen erkannt hat, die in diese andere Welt hinüberweisen, wenn er nicht lesen gelernt hat in den Tieren der Erde, in den Tieren des Wassers, in den Tieren der Luft und in den Tieren des Lichtes, in den Schmetterlingen, dasjenige, was auf die Elementarwesen hinweist, die unsere Mitbewohner sind zwischen Tod und einer neuer Geburt.

Aber dasjenige, was wir von diesen Wesenheiten sehen, ist überall hier zwischen der Geburt und dem Tod, nur, ich möchte sagen, das brutale, dicke Stück. Dasjenige, was vom Übersinnlichen hinzugehört, lernen wir erst kennen, wenn wir uns mit unserer Einsicht, mit unserem Verständnis in diese übersinnliche Welt hinüberbegeben.

Davon dann morgen weiter. Morgen um 17 Uhr wird eine Eurythmievorstellung sein und um 20 Uhr dann der Vortrag.

Dritter Vortrag

Die Chöre der Elementengeister

Wie Mensch und Erde zum Geist streben

Dornach, 4. November 1923

Meine lieben Freunde!

Wie man die Wesen der Sinnenwelt nur kennenlernt, wenn man sie in ihrem Leben und Treiben beobachtet, so ist das auch bei denjenigen Wesen der Fall, von denen ich in diesen Vorträgen jetzt zu Ihnen gesprochen habe, bei den Elementarwesenheiten der Natur, die als unsichtbare hinter dem Sinnlich-Physischen sich befinden und an dem ganzen Geschehen in der Welt ebenso beteiligt sind oder eigentlich in einem höheren Sinne beteiligt sind als die sinnlichphysischen Wesen.

Nun können wir uns denken, dass die Welt für diese Wesenheiten etwas anders aussehen wird als für die Wesenheiten der sinnlichen Welt. Denn wir haben gesehen, einen physischen Leib so wie die Wesen der Sinnenwelt haben diese Wesenheiten nicht.

Alles dasjenige, was sie in der Welt auffassen, in der Welt wahrnehmen, muss anders sein als dasjenige, was etwa in Menschenaugen dringt. Und so ist es auch.

Der Mensch empfindet zum Beispiel die Erde als denjenigen Weltkörper, auf dem er herumgeht. Er empfindet es schon als eine kleine Unannehmlichkeit, wenn dieser Weltkörper, wie es ja zuweilen der Fall ist, durch allerlei Vorgänge der Atmosphäre aufgeweicht wird und er nur ein ganz klein wenig hineinsinkt. Er möchte diesen Erdboden als hart empfinden, als dasjenige, in das er nicht hineinsinkt.

Nun sehen Sie, diese ganze Empfindungsart, diese ganze Stellung zur Erde, die ist zum Beispiel bei den *Gnomen* ganz und gar nicht vorhanden. Die «sinken» überall, denn für die ist der ganze Erdenkörper zunächst wie ein durchgängiger Hohlraum. Sie können überall hinein.

Für sie sind nicht Gesteine, für sie sind nicht Metalle irgendetwas, das sie hindert, mit ihrer Wesenheit herum- – ja soll ich sagen herumzugehen oder soll ich sagen herumzuschwimmen? Es gibt eben in unserer Sprache nicht Worte, die das Wandeln dieser Gnomen innerhalb des Erdenkörpers ausdrücken. Sie haben eine innerliche Empfindung, ein innerliches Erlebnis von den verschiedenen Ingredienzien (Bestandteile) der Erde. Sie fühlen anders, wenn sie einer Metallader entlangwandern, als wenn sie einer Kalkschichte entlang ihren Weg nehmen.

Das alles aber fühlen die Gnomen auf innerliche Art. Sie dringen durch alles das hindurch. Sie haben eigentlich gar nicht einmal die Vorstellung davon, dass es die Erde gibt. Sie haben die Vorstellung, dass es einen Raum gibt, in dem sie verschiedene Empfindungen erleben: Goldempfindung, Merkurempfindung, Zinnempfindung, Kieselempfindung und so weiter. Das ist in der Menschensprache gesprochen, nicht in der Sprache der Gnomen. Die ist viel anschaulicher.

Und sie bekommen gerade dadurch, dass sie ihr Leben lang alle Adern, alle Schichten ablaufen, immer wieder und wieder ablaufen, diese ausgeprägte Intellektualität, von der ich Ihnen gesprochen habe. Sie bekommen dadurch ihr umfassendes Wissen.

Denn ihnen enthüllt sich im Metallischen der Erde alles dasjenige, was draußen im Weltall ist. Wie in einem Spiegel empfinden sie alles das, was draußen im Weltall ist. Aber für die Erde selbst haben sie gar keine Anschauung, nur für ihre verschiedenen Ingredienzien haben sie verschiedene Arten des inneren Erlebens.

Dafür sind aber diese Gnomen ganz besonders begabt für die Eindrücke, die vom Mond herkommen.

Der Mond ist ihnen dasjenige, worauf sie fortwährend aufmerksam lauschen. Und in dieser Beziehung sind sie – was bei uns eine Krankheit ist, das ist für diese Gnomenwesen ihr Lebenselement –, sie sind die geborenen Neurastheniker (nervenschwach) – «geborenen» kann man ja nicht sagen, aber wir haben schwer Worte dafür.

Aber das ist bei ihnen keine Krankheit, das ist bei ihnen eine Selbstverständlichkeit. Das gibt ihnen jene innere

Empfänglichkeit für alles dasjenige, wovon ich Ihnen eben gesprochen habe. Aber es gibt ihnen auch die innerliche Empfänglichkeit für die Umwandlungen der Mondererscheinungen.

Diese Umwandlungen der Monderscheinungen verfolgen sie mit einer solchen Aufmerksamkeit, dass dieses innerliche Aufmerken – ich habe Ihnen ja ihre Aufmerksamkeitskraft gestern geschildert –, dieses innerliche Aufmerken selbst ihre Gestalt verändert. Sodass man in der Tat, wenn man das Gnomendasein verfolgt, einen ganz anderen Eindruck bei Vollmond und einen ganz anderen Eindruck bei Neumond hat und wiederum einen anderen bei den dazwischenliegenden Mondphasen.

Bei Vollmond, da wird es den Gnomen unbehaglich. Das physische Mondlicht passt ihnen nicht, und da drängen sie ihr ganzes Seinsgefühl nach außen. Sie umspannen sich gewissermaßen mit einer geistigen Haut, sie drängen ihr Seinsgefühl an den Umfang ihres Leibes, wenn Vollmond ist.

Und sie erscheinen einem dann bei Vollmondschein, wenn man für solche Dinge imaginatives Anschauen hat, wie strahlende, gepanzerte kleine Ritter. Da tragen sie etwas wie einen geistigen Panzer um sich, und das ist dasjenige, was als ihre Haut nach außen drängt, um das Mondlicht abzuwehren, das ihnen unangenehm ist.

Nähert sich aber der Mond dem Neumond, dann wird der Gnom geradezu wunderbar durchsichtig. Man sieht in ihm strahlende, glitzernde Farbenspiele. Man sieht, wie eine ganze Welt in ihm vorgeht.

Es ist so, wie wenn man in das menschliche Gehirn hineinschauen würde, aber nicht nur wie ein Anatom, der Zellengewebe da sucht, sondern wie einer, der die Gedanken da drinnen schillern und glitzern sieht. So erscheinen einem diese Gnomen wie durchsichtige Männlein, in denen drinnen das Gedankenspiel erscheint.

Gerade bei Neumond sind diese Gnomen außerordentlich interessant, weil sie eine ganze Welt in sich tragen, ein jeder. Und man kann sagen: In dieser Welt drinnen ruht eigentlich das Mondgeheimnis.

Enthüllt man es, dieses Mondgeheimnis, dann kommt man auf sehr merkwürdige Ergebnisse, dann kommt man darauf, sich zu sagen, dass der Mond gegenwärtig in einer fortwährenden Annäherung ist. Natürlich müssen wir uns das nicht grobklotzig vorstellen, als ob er der Erde zulaufen würde, aber er kommt jedes Jahr der Erde etwas näher.

Der Mond ist der Erde jedes Jahr etwas näher: Das erkennt man an dem immer lebendiger werdenden Spiel der Mondkräfte während des Neumondes in der Gnomenwelt. Und auf dieses Näherkommen sind auch diese Wichtelmänner ganz besonders aufmerksam, denn aus dem, was an ihnen der Mond tut, Ergebnisse zu ziehen, darin sehen sie ihre Hauptmission im Weltall.

Sie warten mit einer großen Spannung den Zeitpunkt ab, wo sich der Mond mit der Erde vereinigen wird. Sie sammeln alle ihre Kräfte, um für diesen Zeitpunkt, wenn sich der Mond mit der Erde vereinigt hat, gerüstet zu sein.

Denn dann werden sie die Mondsubstanz dazu benutzen, um die Erde allmählich im Weltall ihrer ganzen Substanz nach zu zerstreuen. Die Substanz muss fort.

Aber indem sie sich diese Aufgabe stellen, fühlen sich diese Kobolde, diese Gnomen, ganz besonders wichtig. Denn sie sammeln die verschiedenen Erfahrungen im ganzen Erdendasein und sie bereiten sich vor, wenn die ganze Erdensubstanz im Weltall zerstreut wird, nach dem «Jupiter» hinüber sich entwickelt, dann in der Struktur der Erde dasjenige zu bewahren, was in dieser Struktur das Gute ist und das dann wie eine Art Knochengerüst dem Jupiter einzuverleiben.

Wenn man diesen Vorgang den Gnomen abschaut, dann bekommt man erst eine Anregung dazu, und man kann sich dann vorstellen, wie unsere Erde ausschauen würde, wenn man von ihr alles Wasser wegnehmen würde.

Diese Struktur der Erde: Denken wir nur einmal, wie auf der westlichen Halbkugel alles von Norden nach Süden orientiert ist, auf der östlichen Halbkugel alles von Osten nach Westen orientiert ist.

Wenn wir das Wasser wegtun würden, würden wir Amerika mit seinen Gebirgen und mit demjenigen, was unter dem Meer ist, als etwas bekommen, was von Norden nach Süden verläuft. Und schauen wir nach Europa hin, so würden wir entsprechend den Zug der Alpen, der Karpaten und so weiter, dasjenige, was östliche Halbkugel ist, in dieser Richtung bekommen (s. Zeichnung).

Wir würden etwas bekommen wie die Struktur eines Kreuzes in der Erde. Und durchdringt man dieses, dann bekommt man davon den Eindruck, dass das die vereinigte Gnomenwelt des alten Mondes ist.

Diejenigen, die die Vorfahren unserer Erdengnomen sind, die Mondgnomen, haben die Monderfahrungen gesammelt und diese Struktur des festen Erdengewebes, des festen Erdengebildes aus ihrer Erfahrung heraus gebildet, sodass wir eigentlich unsere feste Erdengestalt aus den Erfahrungen der alten Mondgnomen haben.

Das sind die Dinge, die sich da ergeben in Bezug auf die Gnomenwelt.

Dadurch bekommen die Gnomen eine außerordentlich interessante Beziehung zu der ganzen Evolution des Weltalls. Sie tragen immer das Feste aus dem Früheren in das Feste des Späteren hinüber. Sie sind die Bewahrer der Kontinuität der festen Struktur in der Entwicklung. So bewahren sie von einem Weltenkörper zu dem anderen die feste Struktur.

Es gehört zu dem Interessantesten, an diese geistigen Wesenheiten einer übersinnlichen Welt heranzutreten und ihre besondere Aufgabe zu studieren. Denn dadurch bekommt man erst einen Eindruck, wie alles, was an Wesen in der Welt vorhanden ist, an der ganzen Gestaltung der Welt mitarbeitet.

Nun gehen wir wiederum von den Gnomen zu den *Undinen,* zu den Wasserwesen. Da bietet sich einem eine sehr merkwürdige Vorstellung.

Diese Wesenheiten haben nicht dieses Lebensbedürfnis, das die Menschen haben, auch nicht das Lebensbedürfnis, das die Tiere, wenn auch instinktiv, haben, sondern man könnte fast sagen: Die Undinen, auch die Sylphen, haben ein Todesbedürfnis.

Sie sind wirklich auf eine kosmische Art so, wie die Mücke, die sich in die Flamme stürzt. Sie haben das

Gefühl, dass sie eigentlich erst recht ihr Leben haben, wenn sie sterben.

Außerordentlich interessant ist es: Hier auf der physischen Erde will alles leben und man schätzt alles, was Lebenskraft in sich hat. Man schätzt gerade alles, was lebendiges Sprießen und Sprossen hat. Kommt man da hinüber, dann sagen einem alle diese Wesenheiten: Das Sterben ist erst der richtige Anfang des Lebens!

Und das können diese Wesenheiten auch empfinden. Denn nehmen wir diese Undinen: Sie wissen vielleicht, dass diejenigen, die viel als Schiffer auf dem Meer fahren, finden, dass das Meer auf der Ostsee einen so eigentümlichen Eindruck macht im Juli, August, September, weiter nach Westen hinüber schon im Juni, dass diese Leute sagen: Das Meer beginnt zu blühen.

Es schlägt aus gewissermaßen, aber es schlägt aus von all dem, was im Wasser verwest. Die Verwesung des Meeres macht sich da geltend. Sie gibt dem Meer einen eigentümlichen, fauligen Geruch.

Aber das ist alles anders für die Undinen, alles anders. Die Undinen, die empfinden dabei nichts Unangenehmes, sondern wenn diese Millionen und Abermillionen von Wassertieren, die da im Meer verwesen, wenn diese in die Zerstörung hineinkommen, dann wird das Meer für die Undinen ein in dem wunderbar phosphoreszierenden Farbenspiel Erglänzendes.

Es glänzt und glitzert alles in allen möglichen Farben. Insbesondere in bläulich-violetten, grünlichen Farben glitzert für sie innerlich und äußerlich das Meer. Das ganze Verwesen im Meer wird ein solches Glimmern und Glitzern in den dunkleren Farben bis zum Grün hin (s. Zeichnung).

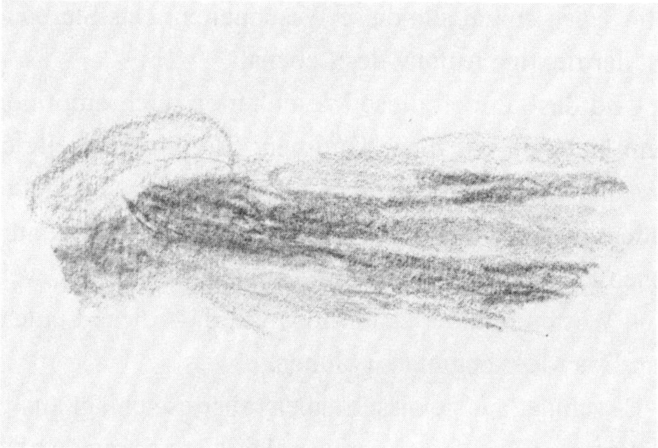

Aber diese Farben, das sind Realitäten für die Undinen. Und man sieht dann die Undinen, wie sie in diesem Farbenspiel des Meeres selbst diese Farben in sich aufnehmen. Sie ziehen diese Farben in ihre eigene Leiblichkeit herein. Sie werden so, wie diese Farbenspiele sind, sie werden selbst phosphoreszierend.

Und indem sie diese Farbenspiele aufnehmen, indem sie selbst phosphoreszierend werden, entsteht in ihnen etwas wie eine Sehnsucht, wie eine ungeheure Sehnsucht, nach oben zu gehen, nach oben zu schweben. Diese Sehnsucht führt sie dazu, nach oben zu schweben.

Und sie bieten sich mit dieser Sehnsucht den Wesen der höheren Hierarchien an, den Engeln, Erzengeln und so weiter als die Erdennahrung. Und sie finden darin ihre Seligkeit, sie leben dann weiter in den höheren Hierarchien drinnen.

Und so ist es merkwürdig, wie sich diese Wesenheiten aus unergründlichen Tiefen herauf mit jedem Frühfrühling entwickeln. Sie machen da das Leben der Erde mit, indem sie in der Weise am Pflanzentum arbeiten, wie ich es beschrieben habe.

Dann aber ergießen sie sich in das Wasser, nehmen durch ihre eigene Leiblichkeit das Phosphoreszierende des Wassers, das Verwesende des Wassers auf, tragen es in ungeheurer Sehnsucht hinauf.

Und man sieht in einem kolossalen, in einem grandiosen Weltbild, wie die aus dem Erdenwasser entstehenden, durch die Undinen getragenen Farben, die geistig substanziell sind, den Wesen der höheren Hierarchien ihre Nahrung bieten, wie die Erde Nahrungsquelle wird für die höheren Hierarchien, indem die Sehnsucht der Undinen gerade darin besteht, sich von den höheren Wesen verzehren zu lassen. Da leben sie dann weiter, da gehen sie gewissermaßen in die Ewigkeit ein.

Und so ist es in jedem Jahr wie ein fortwährendes Aufströmen von diesen Wesenheiten, deren Inneres aus der

Erde heraus gebildet ist, und die sehnsüchtig hinaufstrahlen, um sich den höheren Wesen als Nahrung anzubieten.

Und gehen wir zu den *Sylphen,* so finden wir im Laufe des Jahres die ersterbenden Vögel.

Ich habe Ihnen dargestellt, wie diese ersterbenden Vögel ihre vergeistigte Substanz haben, wie sie diese vergeistigte Substanz den höheren Welten übergeben wollen, damit sie von der Erde hinaufkommt. Aber da bedarf es der Vermittler, und diese Vermittler sind die Sylphen.

Es ist so, dass durch die sterbende Vogelwelt sich die Luft fortwährend mit Astralität anfüllt, mit einer niedrigeren Astralität, aber mit Astralität, mit astralischer Substanz.

In dieser astralischen Substanz, ich kann nicht sagen flattern, ich möchte sagen, wenn das Wort nicht hässlich klingen würde, «verschweben»: Es verschweben die Sylphen. Sie nehmen dasjenige auf, was aus der sterbenden Vogelwelt kommt, tragen es wiederum sehnsüchtig in die Höhe und wollen veratmet sein von den Wesen der höheren Hierarchien. Sie bieten sich als dasjenige an, was Atmungswesen der höheren Hierarchien ist.

Wiederum ein grandioses Schauspiel: Indem man die Vogelwelt ersterben sieht, geht diese astralisch-innerlich erglänzende Substanz in die Luft über. Die Sylphen zucken wie blaue Blitze (s. Zeichnung, außen) durch die Luft, und herein in ihre blauen Blitze nehmen sie – diese blauen

Blitze zuerst ergrünend und dann errötend –, nehmen sie diese Astralität auf, die von der Vogelwelt kommt, und huschen wie nach aufwärts zuckende Blitze hinauf.

Und verfolgt man das bis außerhalb des Raumes, so werden sie dasjenige, was veratmet wird von den Wesen der höheren Hierarchien.

Sodass man sagen kann: die Gnomen tragen eine Welt in die andere hinüber ihrer Struktur nach. Sie gehen gewissermaßen horizontal, aber das ist nur vergleichsweise gesagt, mit der Evolution weiter.

Die anderen Wesenheiten, die Undinen und die Sylphen, tragen hinauf dasjenige, was sie als Seligkeit empfinden im eigenen Ersterben: im Genossenwerden und im Eratmetwerden. Da leben sie dann in den höheren Hierarchien weiter, darin empfinden sie ihre Ewigkeit.

Und wenn man zu den *Feuerwesen* übergeht: Ja, meine lieben Freunde, denken Sie nur einmal, wie der Schmetterlingsstaub von den Schmetterlingsflügeln mit den absterbenden Schmetterlingen scheinbar in nichts zerfließt.

Aber es ist nicht richtig, dass er in nichts zerfließt. Dasjenige, was von den Schmetterlingsflügeln abstaubt, ist höchst vergeistigte Materie. Das alles fließt hinein in den Wärmeäther, der die Erde umgibt, wie winzige Kometen. Jedes einzelne Stäubchen fließt wie ein winziger Komet in den Erdenwärmeäther hinein.

Alles wird, wenn im Jahreslauf die Schmetterlingswelt ihrem Ende zugeht, glitzernd und glimmend, wird ein innerliches Glitzern und Glimmen. Und in dieses Glitzern und Glimmen ergießen sich die Feuerwesen, sie nehmen es auf. Es glitzert und glimmt in ihnen weiter, und auch sie bekommen ihre Sehnsucht. Auch sie tragen dasjenige, was sie so aufgenommen haben, in die Höhe.

Und man sieht – ich habe es Ihnen schon von einer anderen Seite geschildert –, wie dasjenige, was von den Schmetterlingsflügeln von den Feuerwesen nach oben getragen wird, in den Weltenraum hinausschimmert. Aber es schimmert nicht nur hinaus, es strömt hinaus (s. Zeichnung).

Es ist dasjenige, was den Anblick der Geister der höheren Hierarchien von der Erde gibt. Die Geister der höheren Hierarchien schauen auf die Erde und sehen von der Erde dieses von den Feuerwesen hinausgetragene Schmetterlings- und Insektenwesen.

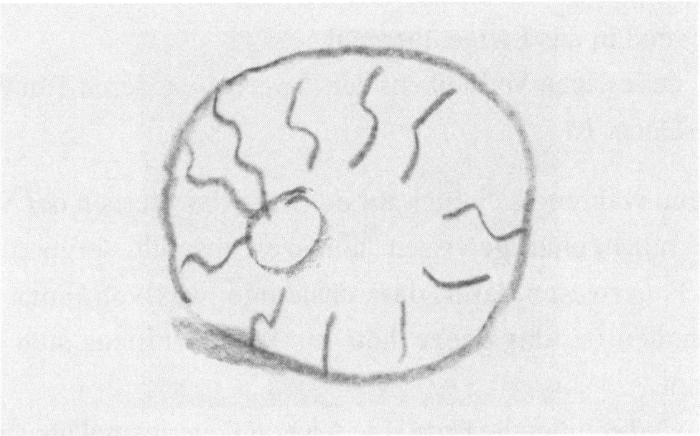

Und die Feuerwesen finden ihre höchste Wollust darin, zu verspüren, wie sie es sind, die sich vor die Geistesaugen der höheren Hierarchien hinstellen. Sie finden es als ihre höchste Wollust, angeschaut zu werden von ihren Blicken, wahrgenommen zu werden von den Geistesblicken der höheren Hierarchien. Sie streben zu den höheren Hierarchien und führen ihnen das Wissen von der Erde zu.

So sehen wir, wie in diesen Elementarwesen die Vermittler sind zwischen der Erde und dem Geistkosmos. Wir sehen dieses Schauspiel

- der hinaufphosphoreszierenden *Undinen,* die in dem Licht- und Flammenmeer als Nahrung der höheren Hierarchien verschwinden,

- der hinaufzuckenden grünlich-rötlichen Blitze der *Sylphen,* die eratmet werden, wo das Irdische fortwährend in das Ewige übergeht,
- des ewigen Verbleibens der *Feuerwesen,* deren Tun von Dauer ist.

Denn während sich hier auf der Erde das Sterben der Vögel nur in einer gewissen Jahreszeit abspielt, sorgen diese Feuerwesen dafür, dass dasjenige, was von ihnen zu schauen ist, das ganze Jahr ins Weltall hinaus sich ergießt.

Und so trägt die Erde eine Art von Feuermantel um sich. Von außen gesehen erscheint sie als feurig (s. Zeichnung vorige Seite, Außenkreis).

Aber das Ganze wird von Wesen bewirkt, welche ganz anders die Dinge sehen, als der Mensch sie sieht:

- Für den *Menschen* ist die Erde als harte Substanz zu verspüren, auf der er stehen und gehen kann;
- für die *Gnomen* ist die *Erde* eine durchlässige Kugel, eine Hohlkugel;
- für die *Undinen* ist das *Wasser* dasjenige, in dem sie das Phosphoreszieren wahrnehmen, in sich aufnehmen und erleben können;
- für die *Sylphen* ist das Astralische der *Luft,* das aus der sterbenden Vogelwelt kommt, dasjenige, wovon sie mehr

wie zuckende Blitze werden, als sie schon gewesen sind; sie sind sonst matt-bläuliche Blitze, die Sylphen.

- Und wiederum das Zugrundegehen des Schmetterlingswesens ist dasjenige, was (durch die *Feuergeister)* die Erde wie mit einer *Feuer*schale dauernd umgibt.

Für die Anschauung ist das so, dass die Erde von einem wunderbaren feurigen Mantel umgeben ist. Und von der anderen Seite, wenn man von der Erde hinaufschaut, sind diese zuckenden Blitze, diese phosphoreszierenden und verschwindenden Undinen.

All das ist so, als ob man sagen müsste: Hier auf der Erde weben und leben diese Elementargeister. Sie streben nach aufwärts und verschwinden im Feuermantel der Erde. Aber sie verschwinden in Wirklichkeit nicht, sondern sie finden da ihr ewiges Dasein, indem sie in die Wesenheiten der höheren Hierarchien übergehen.

Das alles, was man da zuletzt sieht wie ein wunderbares Weltengemälde, das aber der Ausdruck dessen ist, was auf der Erde geschieht, das alles, meine lieben Freunde, spielt sich in seinem Anfangsstadium auf der Erde ab.

Wir Menschen sind immer in dem drinnen, was sich da abspielt. Und wenn auch der Mensch mit seinem gewöhnlichen Bewusstsein nicht fähig ist, diese Umgebung aufzufassen, ist es so, dass man jede Nacht in dem Weben und Treiben dieser Wesenheiten drinsteckt, selbst als Ich und als astralischer Leib Anteil nimmt an dem, was diese Wesenheiten treiben.

Aber insbesondere den Gnomen ist es wirklich eine Art Amüsement (Vergnügen), den Menschen schlafend zu beobachten, nicht den physischen Leib im Bett, sondern den Menschen, der als Ich und astralischer Leib außer dem physischen Leib ist, und nun zu sehen: Dieser Mensch denkt im Geist und weiß es nicht. Er weiß nicht, dass seine Gedanken im Geistigen leben.

Und wiederum den Undinen ist es unerklärlich, dass der Mensch sich selbst so wenig kennt, den Sylphen ebenso, den Feuerwesen ebenso.

Es ist in der physischen Welt° oftmals unangenehm, umflattert zu werden in der Nacht von Schnaken und dergleichen. Aber der geistige Mensch, das Ich und der Astralleib, die werden immer von diesen Elementarwesen in der Nacht umwoben und umlebt. Und dieses Umwoben- und Umlebtwerden ist eine fortwährende *Mahnung,* mit seinem Bewusstsein vorzurücken, sodass der Mensch mehr weiß von der Welt.

Sodass ich versuchen kann, Ihnen einen Begriff zu geben von dem, wie diese Wesenheiten, die Gnomen, die Undinen, die Sylphen und die Feuerwesen etwa da schwirren, und wie es wird, wenn man anfängt zu hören, was sie an einem amüsiert und was sie von einem haben wollen, indem sie einen ermahnen, mit seinem Bewusstsein weiterzurücken.

Ja, da kommen die *Gnomen,* die etwa sagen:

Du träumst *dich* selbst
und meidest das Erwachen.

Die Gnomen wissen, dass der Mensch sein Ich wie im Traum hat, dass er erst richtig aufwachen muss, um zu diesem wahren Ich zu kommen. Das sehen sie ganz klar ein und rufen ihm im Schlaf zu: *Du träumst dich selbst* (sie meinen bei Tag) *und meidest das Erwachen.*

Dann tönt es von den *Undinen* durch:

Du denkst die *Engel*werke
und weißt es nicht.

Der Mensch weiß nicht, dass seine Gedanken bei den Engeln sind.

Und von den *Sylphen,* da tönt es an den schlafenden Menschen heran:

Dir leuchtet *Schöpfer*macht
und ahnst es nicht.
Du fühlst ihre Schöpferkraft
und lebst sie nicht –

die Schöpfermacht, die Schöpferkraft. Das sind also ungefähr die Sylphenworte, die Undinenworte und die Gnomenworte. Und die Worte der *Feuerwesen:*

Dir kraftet *Götter*wille
und empfängst ihn nicht.

Du willst mit seiner Kraft
und stößt ihn von dir.

Du willst mit seiner Kraft – mit der Kraft des Götterwillens.

All das ist die Ermahnung, dass man weiterrücken soll mit seinem Bewusstsein. Diese Wesenheiten, die nicht ins physische Dasein kommen, diese Wesenheiten, sie wollen, dass der Mensch mit seinem Bewusstsein weiterrückt, damit er auch an ihrer Welt Anteil haben kann.

Und hat man sich so hineingelebt in dasjenige, was diese Wesenheiten den Menschen zu sagen haben, dann versteht man auch allmählich, wie sie *ihr eigenes Wesen* zum Ausdruck bringen. So etwa

die *Gnomen:* Ich halte die *Wurzel*wesenskraft,
sie schafft mir den Formenleib;

die *Undinen:* Ich bewege die *Wasser*wachstumskraft,
sie bildet mir den Lebensstoff;

die *Sylphen:* Ich schlürfe die *luft'*ge Lebenskraft,
sie füllt mich mit Seinsgewalt.

Und die Feuerwesen: Da ist es sehr schwer, irgendein Erdenwort zu finden für dasjenige, was sie tun, denn sie stehen dem Erdenleben und -treiben fern. Daher bilde ich ein Wort aus «verdauen», aber so, dass es nicht anklingt an das Verdauen, weil es ein feuriges Verzehren ist: «Ich däue». Däuen muss ein Verb werden, denn nur so kann das, was hier geschieht, ausgedrückt werden.

Die *Feuerwesen:* Ich däue die *Feuer*strebekraft,
sie erlöst mich in Seelengeistigkeit.

Sehen Sie, ich habe mich, so gut es eben geht, hier bemüht, Ihnen einen Begriff davon zu geben, wie sich diese Wesenheiten der Elementarreiche selbst charakterisieren und was sie zunächst als Mahnung an den Menschen herantragen.

Aber sie sind nicht so unfreundlich, dem Menschen nur Negatives zuzuraunen, sondern es gehen von ihnen *Lapidarsätze* aus, und diese Lapidarsätze, meine lieben Freunde, empfindet man als etwas ungeheuer Gigantisches.

Und bei solchen Dingen müssen wir uns schon eine Empfindung dafür aneignen, wie es anders ist, ob man bloß in menschlichen Worten, wenn auch noch so schön, einen Satz ausspricht, oder ob aus dem ganzen mächtigen Gnomenheer ein solcher Satz kosmisch ertönt. Die Art und Weise des Entstehens macht den Unterschied.

Und wenn der Mensch auf die Gnomen lauscht, dann tönt ihm der Gnomenchor entgegen, nachdem er ihm die Mahnung, die ich aufgeschrieben habe, gegeben hat. So tönt ihm der *Gnomenchor* entgegen:

Erstrebe zu wachen.

Es ist der mächtige moralische Eindruck, den solche durch das Weltall strömende, aus ungeheuer vielen Einzelstimmen sich zusammensetzende Worte zu bedeuten haben.

Und vom *Undinenchor* ertönt:

Denke im Geiste.

Der Sylphenchor: Das ist nicht so einfach, denn gerade dann, wenn im Vollmondschein die Gnomen wie glänzende, gepanzerte Ritter erscheinen, dann ertönt von ihnen her wie aus den Erdentiefen heraus dieses: Erstrebe zu wachen. Und wenn die Undinen nach oben verschweben, in Sehnsucht, verzehrt zu werden, dann tönt es auf die Erde zurück im Aufwärtsschweben: Denke im Geiste.

Und von den Sylphen, indem sie oben sich eratmen lassen, im Weltenlicht als bläulich-rötlich-grünliche Blitze verschwinden, tönt dann, indem sie hineinzucken in das Licht und da drinnen verschwinden, tönt vom *Sylphenchor* von den Höhen herunter:

Lebe schaffend atmendes Dasein.

Und wie im feurigen Zorn, aber in einem Zorn, den man nicht als etwas Vernichtendes empfindet, sondern als etwas, was der Mensch vom Kosmos haben muss, wie aus feurigem, aber zugleich enthusiastischem Zorn tönt es, wenn die *Feuerwesen* das ihrige in den Feuermantel der Erde hineintragen. Da tönt es jetzt nicht wie aus Einzelstimmen zusammen, sondern wie eine mächtige Donnerstimme von dem ganzen Umkreis her:

Empfange liebend Götterwillenskraft.

Natürlich kann man die Aufmerksamkeit von alldem ablenken – dann vernimmt man es nicht. Es hängt von des Menschen Willkür ab, ob er solche Dinge vernimmt oder nicht.

Aber indem er sie vernimmt, weiß er, dass sie Ingredienzien des Weltendaseins sind, dass in der Tat etwas geschieht, indem sich in der geschilderten Weise Gnomen, Undinen, Sylphen und Feuerwesen entfalten.

Und die Gnomen sind für den Menschen nicht nur in der Beziehung da, wie ich es schon geschildert habe, sondern sie sind da, um ihre Weltenworte von der Erde aus ertönen zu lassen, die Undinen ihre Weltenworte im Hinaufströmen, die Sylphen von oben, die Feuerwesen wie ein Chor, wie ein Zusammenfluss einer mächtigen Stimmentfaltung.

Ja, das ist so in Worte umgesetzt, wie es einem erscheinen kann. Aber diese Worte, meine lieben Freunde, gehören zum *Weltenwort.* Und wenn wir es auch nicht hören mit dem gewöhnlichen Bewusstsein, sind diese Worte doch nicht ohne Bedeutung für den Menschen.

Denn die uralte Anschauung, die instinktivem Hellsehen entsprungen ist, dass die Welt aus dem Wort heraus gebildet ist, die ist eine tiefe Wahrheit.

Aber das Weltenwort ist nicht irgendeine Zusammensetzung aus wenigen Silben, sondern das Weltenwort, meine lieben Freunde, das ist dasjenige, was aus unzähligen und unzähligen Wesen zusammentönt. Unzählige und unzählige Wesenheiten haben etwas zu sagen in der Weltentonalität. Und das Weltenwort tönt aus diesen unzähligen Wesenheiten zusammen.

Nicht die allgemein-abstrakte Wahrheit, dass die Welt aus dem Wort geboren ist, kann es uns vollständig geben, sondern allein das kann es uns vollständig geben, wenn wir nach und nach konkret darauf kommen, wie aus den Stimmen der einzelnen Wesenheiten sich das Weltenwort in seinen verschiedenen Nuancen zusammensetzt, sodass diese verschiedenen Nuancen in die großartige Weltharmonie und in die gewaltige Weltmelodie hineintönen und reden, indem es schafft.

Und indem der *Gnomen*chor sein «Erstrebe zu wachen» ertönen lässt, ist nur in die Gnomensprache umgesetzt dasjenige, was als Kraft wirkt, um das menschliche Knochensystem, überhaupt das *Bewegungssystem* zustande zu bringen.

Und indem die *Undinen* uns «Denke im Geiste» zurufen, rufen sie uns ins Undinenhafte übersetzt dasjenige zu, was als Weltenwort sich in den Menschen ergießt, um die *Stoffwechselorgane* zu gestalten.

Und indem die *Sylphen,* während sie eratmet werden, ihr «Lebe schaffend atmendes Dasein» heruntertönen lassen, durchdringt, durchwebt und durchlebt den Menschen die Kraft, die ihn mit den Organen des *rhythmischen Systems* begabt.

Und in dem, was auf *Feuerwesen*art vom Weltenfeuermantel hereintönt wie mit Donnerstimme, wenn man darauf aufmerksam wird, ist dasjenige, was im Abglanz, im

Abbild erscheint. Denken Sie sich, es strahlt herein vom Weltenfeuermantel, da strahlt die Kraft dieses Wortes herein. Und jedes *Nerven-Sinnessystem* des Menschen, jeder Menschenkopf ist das kleine, das miniaturhafte Abbild desjenigen, was da in die Feuerwesensprache übersetzt heißt: «Empfange liebend Götterwillenskraft.»

Dieses Wort, «Empfange liebend Götterwillenskraft», das ist dasjenige, was in höchsten Weltsubstanzen wirkt und was, wenn der Mensch zwischen dem Tod und einer neuen Geburt seine Entwicklung durchmacht, dasjenige umformt, was er durch die Pforte des Todes zu dem hinausträgt, was dann später die Nerven-Sinnesorgane des Menschen werden.

So sehen wir, wie dasjenige, was jenseits der Schwelle liegt, zu unserer Natur hinzugehört, wie das uns hineinführt in die schaffenden Götterkräfte, in dasjenige, was in allem wirkt und lebt. Man möchte sagen: Wenn man sich an all dasjenige erinnert, was ein anderes Zeitalter ersehnt hat und was in den Worten liegt:

> Dass ich schau alle Wirkenskraft und Samen
> Und tu nicht mehr in Worten kramen *(Faust)* –,

das muss sich im Fortgang der Menschheitsentwicklung, der Menschheitsentfaltung verwirklichen.

Wir kramen sonst mit allem Wissen in Worten, wenn wir nicht hineinschauen in die Samenkräfte, die den Menschen in der verschiedensten Weise aufbauen. Sodass wir sagen können: Bewegungssystem, Stoffwechselsystem, rhythmisches System, Nerven-Sinnessystem ist eine Einheit, indem *von unten herauf* ertönt:

Erstrebe zu wachen.
Denke im Geiste –

und *von oben herunter* sich mit den aufstrebenden Worten das andere vermischt:

Lebe schaffend atmendes Dasein.
Empfange liebend Götterwillenskraft.

Dieses «Empfange liebend Götterwillenskraft», das ist das im Haupt ruhig Schaffende.

Namentlich das von unten hinaufstrebende «Denke im Geiste» und das von oben herunterströmende «Lebe schaffend atmendes Dasein», das ist dasjenige, was im Zusammenwirken so webt und lebt, dass es sich in der Art und Weise ein Abbild schafft, wie das menschliche Atmen im Blut in das menschliche Wirken übergeht, rhythmisch übergeht.

Und dasjenige, was uns einpflanzt die Sinneswerkzeuge, das ist dasjenige, was von oben heruntertönt: «Empfange liebend Götterwillenskraft.»

Dasjenige aber, was in unserem Gehen wirkt, in unserem Stehen, in unserem Bewegen der Arme und Hände, dasjenige, was den Menschen überhaupt zum Ausleben seines Willensmäßigen bringt, das ertönt in dem «Erstrebe zu wachen.»

So sehen wir, wie der Mensch ein Zusammenklang jenes Weltenwortes ist, das auf seiner niedersten Stufe so interpretiert werden kann, wie ich es Ihnen dargestellt habe.

Dieses Weltenwort geht dann hinauf bis zu den höheren Hierarchien, die anderes noch als Weltenwort entfalten müssen, damit der Kosmos entsteht und vergeht.

Aber dasjenige, was diese Elementarwesen in die Welt hineingerufen haben, das ist der letzte Ausklang dessen, was das schaffende, bildende, gestaltende Weltenwort ist, das allem Wirken und allem Dasein zugrunde liegt.

Meine lieben Freunde, ich habe Ihnen noch einmal zu sagen, dass am nächsten Donnerstag um 7 Uhr eine Eurythmievorstellung sein wird und am Freitag, wenn ich es nicht absage, um 8 Uhr mein Vortrag.

Gnomen

(Zu dem Menschen)
Du träumst dich selbst
und meidest das Erwachen.
(Über sich selbst)
Ich halte die Wurzelwesenskraft
sie schaffet mir den Formenleib.

Undinen

(Zu dem Menschen)
Du denkst die Engelwerke
und weißt es nicht.
(Über sich selbst)
Ich bewege die Wasserwachstumskraft
sie bildet mir den Lebensstoff

Sylphen

(Zu dem Menschen)
Dir leuchtet die Schöpfermacht
Du ahnst es nicht.
Du fühlst ihre Kraft
und lebst sie nicht.
(Über sich selbst)
Ich schlürfe die luft'ge Lebekraft
Sie füllet mich mit Seinsgewalt

Feuerwesen

(Zu dem Menschen)
Dir kraftet Götterwille
Du empfängst ihn nicht.
Du willst mit seiner Kraft
und stößt ihn von dir.
(Über sich selbst)
Ich däue die Feuerstrebekraft
Sie erlöst mich in Seelengeistigkeit

Gnomenchor	Erstrebe zu wachen	Bewegungs- System
Undinenchor	Denke im Geiste	Stoffwechsel- System
Sylphenchor	Lebe schaffend atmendes Dasein	Rhythmisches System
Feuerwesen	Empfange liebend Götterwillenskraft	Nervensinnes- System

Anhang

Handgeschriebene Notizen Rudolf Steiners zu den Vorträgen[1]

1 Vgl. *Beiträge zur Rudolf Steiner Gesamtausgabe,* Nr. 40, Weihnachten 1972, S. 18-30. In diesen handgeschriebenen, aphoristischen Notizen folgt die Zeichensetzung den Überlegungen, die nicht immer vollständig niedergeschrieben werden.

2. November 1923 =

Der Luftkreis trägt in sich die *Form* des menschlichen Hauptes, aber er hat diese Form vorübergehend in den Einflüssen der Sonnendynamik des Tages:

Das Wasser hat den rhythmischen Menschen in sich = es bildet aus den länger dauernden Verhältnissen heraus.
Dem Wasser wird an den Polen die Wirkungskraft genommen – es wird da kalt-fest; es strömt da die innere Kraft aus –

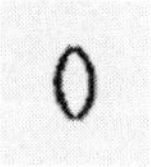

Die Erde hat den Gliedmaßen-Stoffwechselmenschen in sich = sie bildet aus den ewigen Verhältnissen heraus.
Die Erde hält die innere Kraft und läßt sie in das Innere des Menschen strömen – – –

Im Schlafe holt sich der Kopf seine Eigenkraft; er vernichtet die Erdenkraft, die in ihn während des Wachens gekommen ist.

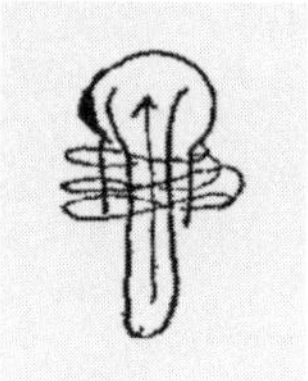

In den Stengeln der Pflanzen lebt die feste Erde, die sich nach aufwärts dehnt, nach unten zusammenzieht.
Sie gibt dabei der kosmischen Lebenskraft ihren «Stoff» – sie tötet ihn im Senken. –

In dem Blätterkreis umströmt die kosmisch-mittlere Lebenskraft den Stengel – sie chemisiert den Stengel-Inhalt zur Pflanzensubstanz – und gibt in dem Sauerstoff die Kraft an das Licht ab; dieses schiebt in dem Cambium die Form ein – damit geht die Pflanze unter die Erde, wie sie im Samen an den Kosmos geht.

In dem Blütenvorgange hat man das Männliche zu sehen – es wird in dem Samen der Strahl aus dem Kosmos bewahrt; das Leben, das mit der in der Erde befindlichen Form zusammengehen muß =

Feuergeister mit Gnomen – Winter:

Undinen mit Sylphen = Wasser ~ Luft – Sommer.

Die Gnomen verlieren im Frühling ebenso ihre Kraft wie die Feuergeister; die ersteren sinken, die andern steigen = aus dem Meer steigen die Nymphen auf – aus der Luft fliegen die Sylphen herzu –

Sie vereinigen sich = der Fischleib schrumpft; die Flosse wird Flügel;
die Gnomen fliehen in den Geist der Erde vor der Fischnatur =
Die Gnomen werden *Frösche* im Geiste.

Im Physischen =

der Fisch bleibt zurück =
das Amphibium bäumt sich – muß aus dem Prozeß herausfallen. =
die Undinen erschrecken über das, was sie werden könnten =

der Vogel entschlüpft; er nimmt das Erdige in die Luft mit = er fliegt mit dem durchgeistigten Erdigen herum; die *Sylphen* haben an ihm ihr Selbst und nehmen sie auf – damit finden sie den Weg zu den *Feuergeistern.*

2. November 1923 = Dornach

Gnomen = Geistform der Sinne und des Sinnenverstands.

Undinen = sie bewahren die Ideen, wissen aber nicht um sie – sie können gerade dadurch aus dem Feucht-Luftigen die Blätter vermitteln. –

Gnomen = Leben: Geborenwerden. –
Undinen = Einschlafen = Luftkreisbekannt
Sylphen = Aufwachen = Wassersphärenbekannt. Sie sind auch die Träger der Liebe = durch sie bekommt die Pflanze die Liebe zur Erde, von der sie sich entfernt hat. = Gnomen hassen die Erde, das Physische. –
Feuergeister = Sterben = Erdbekannt. –

Gnomen = sie sind die Präger der Formen, die in «Mutter» Erde den Pflanzen zu Grunde liegen. – Die Begabung dazu haben sie dadurch, daß sie die Amphibiengestalt fliehen – dadurch entsteht ihre eigene Form aus der Antipathie. – sie wirken im Winter mit den Feuergeistern zusammen, die von den Pflanzensamen ihre Kräfte empfangen. – *Wurzelgeister*
Undinen = verabscheuen die Fische – sie entziehen sich und entnehmen dem Wasser ihre Gestaltung. – *Blattgeister*
Sylphen = sie haben an den Vogelgestalten ihr «Selbst» –: sie leben in den Schwingungen der Luft – sie wirken mit den Undinen zusammen = *Cambium*

Cambium neigt sich sowohl zum Holze wie zur Rinde. –
Sylphen sind die Lieferer des Lichtes. –
Die Undinen = sind dann die Chemiker – die Gnomen die *Beleber.*

Die *Gnomen* sind das Geistige, das dem menschlichen Haupte entspricht = sie haben in der *Schwere* die Form, die der Mensch als Wärmewesen im Saturn hat.
Undinen = sie sind das Seelische von gefühlsartigem Denken des Atmungssystemes – sie haben an der Grenze von fest-flüssig die Form, die der Mensch als Luftwesen in der Sonne hatte.
Sylphen = sie sind von willens-gefühlsmäßiger Art – linienhaft – an der Grenze von Wasser-Luft.
Feuerwesen = willensartig = punktuell.

Die Wurzelgeister = Gnomen = sie sind *Lebensträger* = in den Wurzeln abhängig von dem Weltall –: sie hegen in sich die *Ideen* des *Weltalls.*
Die Blattgeister = Undinen = sie sind *Chemiker* = in den Blättern. Sie tragen den Pflanzen die lebenskräftige Substanz zu auf den Spuren der Kohlensäure.
Die Blütengeister = Sylphen = sie sind *Lichtgeister* = in den Blüten. Sie tragen das Licht zu –
Die Feuergeister = sie sind *Wärmeträger* = in dem Samen.

Die Wesenheit der *Gnomen* ist verwandt der Sinneskraft des Menschen – sie sehen viel = sie sehen an den geistigen Pflanzenformen des Cambiums das Denken des Weltalls: so bergen sie im Erdinnern im Winter die Ideen des Weltalls. – – Man *tastet* sie geistig.
Die *Undinen* sind Gestalten, die das Weltall abbilden – nervenverwandt – sie werden geistig gefühlt. =
Die *Sylphen* drücken die «Wünsche» des Weltalls aus – sie werden geistig *gehört* = Die Inspirationen der Singvögel.
Die *Feuergeister* werden geistig gesehen = sie konzentrieren die Kräfte des Weltalls – – = Staubfäden tragen die Sonnenwärme und mit der Ausgießung des Antherenstaubes auf den Fruchtknoten tragen die Feuergeister dem Samen die Sonnenwärme zu. –

3. Nov. 1923

In der Region der Blütenentfaltung liegt die einstige ätherische Tierwelt, sie geht vom Luftartigen durch das Flüssige in das Feste über – sie ist ätherisch – und hat das Astrale um sich. –
In der Region der Wurzelentfaltung liegt die einstige Mineralwelt – sie ist astral. –
Mit der Weiterentwickelung geht die Tierwelt über in
a.) die ätherische Pflanzenwelt
b.) die astralisch-ätherische Tierwelt.

a.) In der ältesten Zeit sind nur Feuergeister vorhanden, die das Obere (den Umkreis) in die Tiefen tragen – sie bilden oben das Kreisende, unten das Strahlende aus

lichtschwangere Wärmekreise
stofftragende Schwerestrahlen

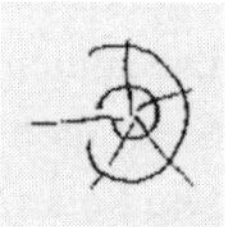

b.) Dann treten hinzu sylphenartige Wesen, sie tragen in das Kreisende die planetarische Anordnung hinein – auf- und abwärts licht- und finsternistragend. – Sie bilden im Luftmeer Blüte-Blattartiges aus = sie sind die Vorfahren der Schalentiere. –

Dann treten ihnen entgegen die Undinen; sie streben nach aufwärts im Wässerigen. – Sie enthalten die Vorfahrenwelt der Belemniten. Da wird das Obere von den Angeloi besorgt. Diese sind noch Meereswesen – sie sind auf das Brustartige hin gebildet =

Zuletzt treten die Gnomen auf, sie streben nach Leichtigkeit im Wässerig-Erdigen. Sie sind umgeben von den höheren Tieren und Pflanzen.

b.) da wirken Kyriotetes, Dynamis, Exusiai.
a.) da wirken Seraphim, Cherubim, Throne.

Nach oben = 1. Hierarchie
Nach unten = Sylphen.

Die *Gnomen* sind verlassene Wesen von höchster Freiheit – sie fühlen sich ganz unabhängig im Weltenall – dafür aber fühlen sie sich ganz unbehaglich im Sonnenhaften – der Tod sitzt ihnen fortwährend im Nacken.

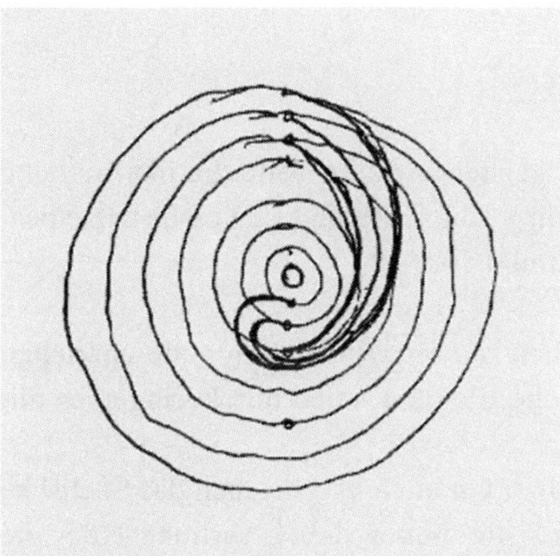

Saturn-Mond: Umkreis, der herangezogen wird.
Jupiter-Merkur:
Mars-Venus:

Im Saturnbereich
= Feuergeister
Im Sonnenbereich
= Sylphen.: Jupiter
Im Mondenbereich
= Undinen: Mars.

Es hat sich im Saturnbereich das Wirken der Feuergeister mit der höchsten Hierarchie abgespielt = ein Weltenwinter – = Das Sommerliche der Tierwelt war noch ganz geistig – dagegen stellte sich zentral die Mondenwelt = sie brachte das Luftartige hinein = hielt *Gestalten* fest. Dann dadurch ein Weltensommer = es herrschte das Sonnen-Sommerliche: Ergebnis des Jupiter-*Anfangs,* dem sich Merkur entgegenstellte = *Ende.*

Die erste Hierarchie hat zu ihrem Element die Wärme – ausstrahlende und einströmende = in der ausstrahlenden die welten*schaffenden* Wesen.

Die zweite Hierarchie hat das Licht und vor sich her die Luft (als Träger). Es wird der Gegensatz der gestaltenden und bewegenden Luft geschaffen.

Die dritte Hierarchie hat die Weltenchemie – in ihr Verbindendes und Lösendes – Zusammenziehendes – Ausbreitendes. = = Wasser

Dann der Erdenzeitraum =

Es haben die Elementargeister nur zum Teile die menschliche Entwickelung mitgemacht = zum Teile sind sie Feinde derselben, bringen sie zu Krankheit und Tod. –

In der *Krankheit* gedeihen *die bösen* Undinen – sie entziehen dem Wasser das ätherische Element – und durchdringen es mit dem astralischen
Im *Tode* kommen *die bösen* Gnomen und beleben das Seelische mit kosmischem Leben = sie dienen dabei Ahriman – der die Menschen ganz aus der unteren Natur vergeistigen möchte. – –

Die Sylphen suchen die Luftschwingungen mit den Erdenschwingungen in Einklang zu bringen; sie wollen dazu bewirken, daß die Atmung eine künstliche werde. –
Die Feuergeister suchen die Weltenwärme und die Erdenwärme auszugleichen.

Die rechten Elementargeister sind Naturgeister geworden – d. h. sie leben in der Natur frei von dieser – sie greifen schaffend da ein, wo Zerstörungsprozesse sind. –
Die unrechten Elementargeister verbinden sich mit den Zerstörungsprozessen – sie bringen dann parasitäres Leben hervor.

Die *Mistel* hat Verwandtschaft zu den Undinen; sie meidet die Gnomen – sie vertreibt sie – ihr Saft dringt zum Wurzelwesen so, daß er die Gnomen vertreibt und zum Blütenwesen so, daß er die Feuergeister vertreibt = er wirkt als lichtdurchdrungenes chemisches Element – er senkt Astralisches in Ätherisches und trennt das Ich von einer Verbindung mit dem Physischen – = Verwendet man ihn so, daß man ihn als Arznei eingibt, dann führt er den Sinn nach Innen; verwendet man ihn impfend, dann bindet er den Gedanken an das Leben; badet man mit ihm, dann trägt er die Verdauungstätigkeit in den Sinn – er macht sensitiv – dagegen = Das Holz macht stumpf = regt die Verdauungstätigkeit an = als Kohle ist es direkt verdauungsorganisierend =

Der C [Kohlenstoff] ist die Substanz, aus der die Gnomen älterer Zeit die ätherischen Schatten der Menschen formen, die Astralisches anziehen und dadurch die unbestimmten Einflüsse der wässerigen Umgebung auf den Menschen bewirken. –

In den Blütenorganen die Reste der ätherischen Tierentwickelung –
In den Wurzelorganen die Keime der künftigen Tierentfaltung.
Dazwischen = es steigen die Rückgrattiere auf – es senken sich die wirbellosen Tiere. –

Es sind erst Strahlenbildungen im Umkreis

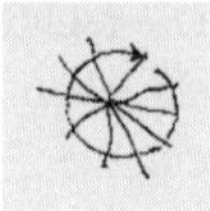

dann
Schneckenbildungen –
mit dem ätherischen
Gegensatz –

dann wird die eine
Schnecke verdünnt,
die andere verdichtet –

Erst die Erde als Gesamtlebewesen
dann = Erde – Wasserwesen +
Luft – Wärmewesen +
es findet eine Wechselwirkung statt –
dann = Erde + Wasser
Luft + Wärme
dann = Erde + Erde
Wasser + Wasser
Luft + Luft

die Erde ist tot – seit
das Leben ist bei den Gnomen.

Gnomen = sie sind frei – unabhängig, sie sind stets von der Gefahr bedroht, ihre Substanz zu verlieren =
sie sind keiner Hierarchie untertan =
sie halten sich frei vom Irdischen, wenn sie gut sind. –

Gnomen = sie vollenden, was die niederen Tiere nicht können; die bleiben in der Sphäre der Erd-Innenkräfte stehen –: sie sind das Rückgrat der niederen Tiere – – sie würden wahrgenommen, wenn der Einschlaftraum sich nicht maskieren würde – – Man würde sehen, wie in der geistigen Erde erweckt wird. – –: der ganze Tag mit seinen Bewegungen >

Undinen = sie vollenden, was die mittleren Tiere nicht erreichen –; die in der Wassersphäre bleiben = sie hüllen diese mittleren Tiere mit Panzern ein; sie geben den Insekten ihr Außenskelett – sie würden den traumlosen Schlaf des Einschlafens erfüllen, wenn der sich nicht verhüllen würde = man würde auf der andern Seite sehen, wie sie aufsteigen aus dem Astralmeer. – – Die Erde spricht = das hast du getan.

Sylphen = sie bringen zu den Vögeln die Vergangenheit hinzu – sie würden den Traum des Aufwachens – man würde sehen, wie der nahende Morgen kolossale Fliegewesen bringt als Lichtkünder =
Von oben spricht es = diese Frucht bringt es dir.

Feuerwesen = im Wachen = sie enthalten die Impulse des Weltalls – sie lösen die Gedanken los und geben ihnen Leib –

Tomate = sie ist ganz für den Sommer eingerichtet =

Wenn Gnomen und Undinen sich dem Aufbauenden verbinden, dann Parasiten –
Sie sind dann gehirnbildend

Wenn Sylphen und Feuerwesen sich dem Zerstörenden verbinden, dann paralysieren sie Mensch und Tier = sie schaffen Gifte – das Gift –

Es darf also dieses Gift nicht die Erdenwesen ergreifen.

Die Belladonna entsteht, weil die Sylphe sich liebevoll der Frucht neigt.
Das Zyankalium entsteht, weil ein Feuerwesen sich dem C [Kohlenstoff] und N [Stickstoff] und H [Wasserstoff] neigt.
Drosseln und Amseln verspeisen das Gift der Belladonna. – –
Die Mandel braucht zum Reifen die Feuerwesen.

4. November 1923

Für die Elementargeister ist die Erde die hohle Kugel – das Wasser der Ätherbehälter, der plastisch bearbeitbar ist, Luft der Behälter der Wärme, die sie einarbeiten. –
Sie sehen auf zu der 3. Hierarchie, welche sie finden in dem Luftartigen, das in das Wasser dringt – daher haben sie ihre Körper – von der 2. Hierarchie ihre Seelen-Feuer in Luft – von der ersten Hierarchie ihr Weltenfeuer in das Erdenfeuer ergießen. – –

Die Erde als Hohlraum, darin konfiguriertes glitze(r)ndes Wasser. Wasser als Farbenschöpfer aus dem Dunkeln = verzehrend Luft, die feurig einströmt = da sehen sie dann draußen im Weltraum das –

Gnomen = erregende, spannende
Undinen = reizende,
Sylphen = beleuchtende
Feuerwesen = wärmende

Wenn die Wolken im Luftkreis sind, fühlen die Undinen die 3. Hierarchie, sie wollen verzehrt sein. – –
Wenn Meteore erscheinen, empfinden die Sylphen die 2. Hierarchie, sie wollen geatmet sein.
Wenn Himmelsfeuer das Erdenfeuer wärmt, wünschen die Feuerwesen in die 1. Hierarchie zu ersterben. Sie wollen verbrannt sein.

Sie entsteigen der Erde =
dem Salzigen = die Gnomen
dem Tropfenden = die Undinen
dem Strahlenden = die Sylphen

Der Mensch hält
in seinem Haupt = die Gnomenkraft
in seinem Rhythmus = die Undinenkraft
in seinem Stoffwechsel = die Sylphenkraft
in seinem Bewegen = die Kraft der Feuerwesen.

Worte der Elementargeister:

Ich halte die Wurzelwesenkraft
Sie schaffet mir den Formenleib

Ich bewege die Wasserwachstumskraft
Sie bildet mir den Lebensstoff.

Ich schlürfe die luft'ge Lebenskraft
Sie füllet mich mit Seinsgewalt

Ich däue die Feuerstrebemacht
Sie erlöst mich in Seelengeistigkeit.

Du träumst dich selbst
Und meidest das Erwachen — Gnomen

Du denkst die Engelwelt
Und weißt es nicht — Undinen

Dir leuchtet die Schöpferwelt
Du ahnst es nicht
Du fühlest ihre Macht
Und lebst sie nicht — Sylphen

Dir kraftet Götterwille
Du empfängst ihn nicht
Du willst wohl seine Kraft
Aber stoßest sie von dir. – – — Feuergeister

Erstrebe zu wachen = Gnomen
Denke im Geiste = Undinen
Lebe schaffend atmendes Wesen = Sylphen
Empfange liebend Götterwillenskraft = Feuerwesen

Gnomen sind in gewissem Sinne aus der Weltenordnung herausgefallene Wesenheiten; sie entwickeln aus ihrer gespannten Aufmerksamkeit eine großartige Erfahrung – diese tragen sie dann weiter. –

Gnomen wollen die Geheimnisse des Weltenbaues darstellen – – um sie in ihrer Natur zu haben, und kommenden Welten als Stütze zu dienen = sie sind die nach dem ruhigen Genießen des Weltenbaues Strebenden. –
Undinen wollen die Nahrung der höheren Hierarchien sein.
Sylphen wollen geatmet werden. –
Feuerwesen wollen wahrgenommen werden; sie empfinden dies – und sie nehmen die Blitzgestalt an. – –

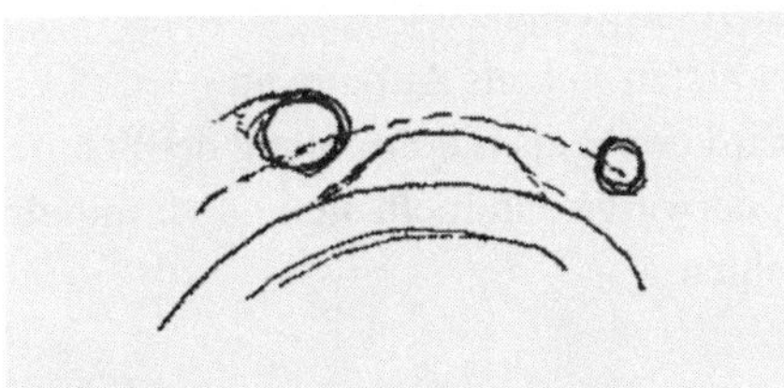

Was lebendige Nachkommenschaft erzeugt, wird von dem Sonnen- und Mondeneinfluß der Erde gebildet. –

Was aus Eiern kommt, wird von dem Kosmos herein gebildet –: die Schale sondert die Erdenumgebungs-Einflüsse ab. –

Von der Brutwärme = die Einflüsse des rhythmischen Systems. –

Wenn der Mond sich der Erde genähert haben wird, dann werden die Gnomen seine Substanz benützen, um die Erde allmählich zur Zerstäubung zu bringen und dann der Erdensubstanz *Struktur*, gewissermaßen ein Gerüste zu geben. – –

Gnomen bei Vollmond wie metallisch glänzend – weil sie Licht abwehren = bei Neumond sind sie durchsichtig.

Der Mond ist in Annäherung an die Erde begriffen – er fördert dadurch die – –

Das Schleimigwerden des Meeres Juli Aug. Sept. – im Westen Juni Juli August –: dieser Verwesungsprozeß wird empfunden als Lebensausstrahlung und in diese geben sich die Undinen den höheren Hierarchien als lebendige Nahrung hin.

Die *Luft* wird empfunden als Astralisches gebärend –:

die Vögel sterben

die Sylphen bieten sich als Atmung an.

Die *Wärme* wird erlebt als die Strahlung der Schmetterlinge tragend = die Feuerwesen sammeln sie und vermitteln sie den höheren Hierarchien. – –

Zu dieser Ausgabe

Diese drei Vorträge sind auch in dem Band 230 der Rudolf Steiner Gesamtausgabe veröffentlicht, der den Titel trägt: *Der Mensch als Zusammenklang des schaffenden, bildenden und gestaltenden Weltenwortes.* Über die Textgrundlage heißt es dort (HDD 2004, S. 214): «Die von Rudolf Steiner frei gehaltenen Vorträge wurden von der Berufsstenografin Helene Finckh mitstenografiert und später in Klartext übertragen. Dieser bildet die Grundlage für den hier gedruckten Text, der vom Vortragenden nicht mehr durchgesehen worden war.» In der 5. Auflage 1978, S. 214, war dies wie folgt formuliert: «Die Vortragsnachschriften wurden aufgrund der Aufzeichnungen der offiziellen Dornacher Stenographin Frau Helene Finckh (1883-1960) ausgeschrieben.»

Für die vorliegende Ausgabe standen dem Archiati Verlag ebenfalls die Klartextnachschriften von Helene Finckh zur Verfügung. Die hier gedruckten Vorträge stellen die dritte von insgesamt vier Reihen dar, die den Geist am Werk in der Natur zum Thema haben.

Alle Titel und Untertitel stammen vom Redakteur. Die Zeichnungen sind in enger Anlehnung an die Tafelzeichnungen von Rudolf Steiner entstanden.

Die Vorträge Rudolf Steiners

Rudolf Steiner hat einige Tausend Vorträge, zahlreiche von ihnen öffentlich, vor den unterschiedlichsten Menschengruppen gehalten. Sie waren nicht für den Druck bestimmt, aber viele Menschen wollten seine Vorträge auch lesen. Dazu schreibt er in *Mein Lebensgang* (Kap. XXXV): *«Es wird eben nur hingenommen werden müssen, daß in den von mir nicht nachgesehenen Vorlagen sich Fehlerhaftes findet.»*

In einer Zeit ohne Tonbandgeräte war der Weg vom gesprochenen Wort zum gedruckten Buchstaben nicht einfach. Verschiedene Zuhörer haben mit unterschiedlicher Geschicklichkeit stenografiert, dann das Stenogramm in Klartext übertragen und unter Umständen redigiert. So heißt es zum Beispiel in GA 137 (HDD2004, S. 233): *«Diese Ausgabe basierte auf der stenographischen Mitschrift von Franz Seiler, Berlin, welche im Auftrag Marie Steiner-von Sivers für den Druck korrigiert bzw. bearbeitet worden ist von Adolf Arenson.»* Eine solche Bearbeitung enthält zuweilen auch Erläuterungen oder Ergänzungen, die nicht von Steiner stammen.

Heute, ein Jahrhundert später, ist Rudolf Steiner zur historischen Figur geworden. Für viele Menschen ist nicht mehr wichtig oder maßgebend, was er in Bezug auf seine Vorträge während seines Lebens verfügt hat oder auch hinnehmen musste. Heute geht es darum, die «Quellenlage» zu erforschen und die vorhandenen Unterlagen interessierten Menschen zugänglich zu machen.

Alle redaktionellen Entscheidungen in dieser Ausgabe sind mit der Überzeugung getroffen worden, dass alle Menschen auf der Welt das Recht haben, alle Unterlagen zu prüfen, die dem Redakteur zur Verfügung standen. Es ist keineswegs zufällig, sondern es gehört vielleicht zum wichtigsten Karma der Menschheit, welche Nachschriften der Vorträge Rudolf Steiners erhalten geblieben sind. Nicht wenige Menschen sind heute daran interessiert, möglichst genau zu erfahren, was Rudolf Steiner gesagt hat.

Sie möchten daher wissen, welche von den vorhandenen Unterlagen dem von Rudolf Steiner gesprochenen Wort am nächsten stehen. Um dies zu ermitteln, sind eine gewissenhafte Prüfung der Unterlagen und eine Vertrautheit mit Steiners Denk- und Sprechweise erforderlich.

Der Archiati Verlag ist bestrebt, einerseits so nah wie möglich an das von Rudolf Steiner Gesprochene heranzukommen und andererseits seine Geisteswissenschaft allen Menschen zugänglich zu machen, da es in ihrer Natur liegt, zum unmittelbaren Leben zu werden. Für das Erste sind die Original-Klartextübertragungen wichtig, für das Zweite sind unter anderem die Wahl der Texte und die Art der Redaktion, aber auch die Gestaltung und nicht zuletzt der Preis maßgebend.

Wie man wissenschaftliche Genauigkeit mit allgemeiner Zugänglichkeit verbinden kann, zeigt sich am Beispiel von Wörtern, die heute ungebräuchlich sind oder eine andere Bedeutung angenommen haben. Sie werden durch ein allgemein verständliches Wort ersetzt und mit einem hochgestellten kleinen Kreis (°) kenntlich gemacht – zum Beispiel beziehungsweise° für respektive, Klammer° für Parenthese, Westen° für Okzident. Am Ende des Textes findet der Leser die Liste der ersetzten Worte. Fremd- oder schwer verständliche Wörter werden zuweilen auch in Klammern «übersetzt». Der gebildete, über die Verbreitung einer modernen Geisteswissenschaft sich freuende Leser wird es begrüßen, dass solche Texte auf diese Weise möglichst vielen Menschen zugänglich gemacht werden.

Als Rudolf Steiner die Theosophische Gesellschaft verlassen musste, gab er die Anweisung, dass in seinen Vorträgen «Theosophie» und «theosophisch» durch «Anthroposophie» und «anthroposophisch» ersetzt werden. Es könnte jemand die Meinung vertreten, dass das eine Fälschung sei. Für Rudolf Steiner ist aber Geisteswissenschaft vor allem *Leben,* und um dem Leben zu dienen muss man in Bezug auf die Terminologie beweglich bleiben. Immer wieder betonte er, dass die Terminologie reines Mittel zum Zweck ist.

Fachausdrücke der Geisteswissenschaft

Mensch- und Erdentwicklung

7 planetarische Zustände der Erde	1. Saturn-, 2. Sonnen-, 3. Mond-Erde, 4. Erde (jetziger Planet), 5. Jupiter-, 6. Venus-, 7. Vulkan-Erde
7 geologische Epochen der jetzigen Erde	1. Polarische, 2. hyperboräische, 3. lemurische Erdepoche 4. atlantische Erdepoche, 5. nachatlantische (die jetzige), 6., 7. Erdepoche
7 Kulturperioden der «nachatlantischen» Zeit (je 2160 Jahre)	1. Indische, 2. persische, 3. ägypt.-chaldäische Kulturper. 4. griech.-römische Kulturperiode (747 v.–1413 n.Chr.); 5. unsere Kulturper. (1413–3573 n.Chr.), 6., 7. Kulturper.

Wesen des Menschen

3 Körper-Hüllen	1. Physischer Körper 2. Ätherischer Körper, Ätherleib, Bildekräfteleib 3. Astralischer Körper, Astralleib, Empfindungsleib
3 Seelen-Kräfte	1. Empfindungsseele 2. Gemüts- oder Verstandesseele 3. Bewusstseinsseele
3 Geistes-Glieder	1. Geistselbst (höheres Ich) 2. Lebensgeist 3. Geistesmensch
Aus 9 wird 7	1. Physischer Leib, 2. Ätherleib, 3. Astralleib, 4. Ich, 5. Geistselbst, 6. Lebensgeist, 7. Geistesmensch

Dreiheit in Mensch und Welt

Geistige Wesen:	Luzifer	Christus	Ahriman
Evangelium:	Diabolos	Streben nach Gleich-gewicht	Satanas
Geistig:	Spiritualismus		Materialismus
Seelisch:	Schwärmerei		Pedanterie
Physisch:	Entzündung		Sklerose
Moralisch:	hemmend	fördernd	hemmend

Naturelemente

Ätherwelt:	Wärmeäther	Lichtäther	Ton-/Zahlenäther	Lebensäther
Phys. Welt:	Wärme	Luft	Wasser	Erde
Unternatur:	Schwerkraft	Elektrizität	Magnetismus	Atomkraft
Naturgeister:	Salamander	Sylphen	Undinen	Gnomen

Stufen der Einweihung

1. Imagination	Bilder sehen – in der Akasha-Chronik (Ätherwelt)
2. Inspiration	Worte hören – in der Seelenwelt (Astralwelt)
3. Intuition	Wesen erkennen – in der geistigen Welt (Devachan)

Engel-Hierarchien

		Griechisch (Dionysios)	**Lateinisch** (Thomas v. Aq.)	**Deutsch** (Martin Luther)	**Geisteswissenschaft** (Rudolf Steiner)
1. Hierarchie	9.	Seraphim	Seraphim	Seraphim	Seraphim Geister der Liebe
	8.	Cherubim	Cherubim	Cherubim	Cherubim G. der Harmonien
	7.	Thronoi (θρονοι)	Throni	Throne	Throne G. des Willens
2. Hierarchie	6.	Kyriotetes (κυριοτητες)	Dominationes	Herrschaften	Geister der Weisheit
	5.	Dynamis (δυναμεις)	Virtutes	Mächte	G. der Bewegung
	4.	Exousiai (εξουσιαι)	Potestates	Gewalten	Geister der Form
3. Hierarchie	3.	Archai (αρχαι)	Principatus	Fürstentümer	Archai Zeitgeister G.d.Persönlichkeit
	2.	Archangeloi (αρχαγγελοι)	Archangeli	Erzengel	Erzengel Volksgeister Feuergeister
	1.	Angeloi (αγγελοι)	Angeli	Engel (Schutzengel)	Engel Schutzengel G. des Zwielichts Söhne des Lebens
Unterste Hierarchiestufe: Der Mensch					

Rudolf Steiner (1861-1925) hat die moderne Naturwissenschaft durch eine umfassende Wissenschaft des Übersinnlich-Geistigen ergänzt. Seine Geisteswissenschaft oder «Anthroposophie» ist in der heutigen Kultur eine einzigartige Herausforderung zur Überwindung des Materialismus, dieser leidvollen Sackgasse der Menschheitsentwicklung.

Steiners Geisteswissenschaft ist keine bloße Theorie. Ihre Fruchtbarkeit zeigt sie vor allem in der Erneuerung der verschiedenen Bereiche des Lebens: der Erziehung, der Medizin, der Kunst, der Religion, der Landwirtschaft, bis hin zu einer gesunden Dreigliederung des ganzen sozialen Organismus, in der Kultur, Rechtsleben und Wirtschaft genügend unabhängig voneinander gestaltet werden und sich gerade dadurch gegenseitig fördern können.

Von der etablierten Kultur ist Rudolf Steiner bis heute im Wesentlichen unberücksichtigt geblieben. Dies vielleicht deshalb, weil seine Geisteswissenschaft jeden Menschen, der sie ernst nimmt, früher oder später vor die Wahl zwischen Macht und Menschlichkeit, zwischen Geld und Geist stellt. Gerade in dieser Wahl liegt aber jene innere Erfahrung der Freiheit, die jeder Mensch sucht und die der Grundaussage des Christentums zufolge seit zweitausend Jahren allen Menschen möglich ist.

Es liegt in der Natur dieser Geisteswissenschaft, dass sie weder ein Massenphänomen noch eine elitäre Erscheinung sein kann: Einerseits kann sie nur der einzelne Mensch in seiner Freiheit ergreifen, andererseits kann dieser Einzelne in allen Schichten der Gesellschaft und in allen Völkern und Religionen der Menschheit seine Wurzeln haben.